# INDONÉSIEN

## VOCABULAIRE

### POUR L'AUTOFORMATION

# FRANÇAIS
# INDONÉSIEN

Les mots les plus utiles
Pour enrichir votre vocabulaire et aiguiser
vos compétences linguistiques

## 3000 mots

# Vocabulaire Français-Indonésien pour l'autoformation. 3000 mots
## Dictionnaire thématique

Par Andrey Taranov

Les dictionnaires T&P Books ont pour but de vous aider à apprendre, à mémoriser et à réviser votre vocabulaire en langue étrangère. Ce dictionnaire thématique couvre tous les grands domaines du quotidien: l'économie, les sciences, la culture, etc ...

Acquérir du vocabulaire avec les dictionnaires thématiques T&P Books vous offre les avantages suivants:

- Les données d'origine sont regroupées de manière cohérente, ce qui vous permet une mémorisation lexicale optimale
- La présentation conjointe de mots ayant la même racine vous permet de mémoriser des groupes sémantiques entiers (plutôt que des mots isolés)
- Les sous-groupes sémantiques vous permettent d'associer les mots entre eux de manière logique, ce qui facilite votre consolidation du vocabulaire
- Votre maîtrise de la langue peut être évaluée en fonction du nombre de mots acquis

T&P Books Publishing
www.tpbooks.com

ISBN: 978-1-78616-486-5

Ce livre existe également en format électronique.
Pour plus d'informations, veuillez consulter notre site: www.tpbooks.com ou rendez-vous sur ceux des grandes librairies en ligne.

# VOCABULAIRE INDONÉSIEN POUR L'AUTOFORMATION
## Dictionnaire thématique

Les dictionnaires T&P Books ont pour but de vous aider à apprendre, à mémoriser et à réviser votre vocabulaire en langue étrangère. Ce lexique présente, de façon thématique, plus de 3000 mots les plus fréquents de la langue.

- Ce livre comporte les mots les plus couramment utilisés
- Son usage est recommandé en complément de l'étude de toute autre méthode de langue
- Il répond à la fois aux besoins des débutants et à ceux des étudiants en langues étrangères de niveau avancé
- Il est idéal pour un usage quotidien, des séances de révision ponctuelles et des tests d'auto-évaluation
- Il vous permet de tester votre niveau de vocabulaire

**Spécificités de ce dictionnaire thématique:**

- Les mots sont présentés de manière sémantique, et non alphabétique
- Ils sont répartis en trois colonnes pour faciliter la révision et l'auto-évaluation
- Les groupes sémantiques sont divisés en sous-groupes pour favoriser l'apprentissage
- Ce lexique donne une transcription simple et pratique de chaque mot en langue étrangère

**Ce dictionnaire comporte 101 thèmes, dont:**

les notions fondamentales, les nombres, les couleurs, les mois et les saisons, les unités de mesure, les vêtements et les accessoires, les aliments et la nutrition, le restaurant, la famille et les liens de parenté, le caractère et la personnalité, les sentiments et les émotions, les maladies, la ville et la cité, le tourisme, le shopping, l'argent, la maison, le foyer, le bureau, la vie de bureau, l'import-export, le marketing, la recherche d'emploi, les sports, l'éducation, l'informatique, l'Internet, les outils, la nature, les différents pays du monde, les nationalités, et bien d'autres encore ...

# TABLE DES MATIÈRES

# GUIDE DE PRONONCIATION

| Lettre | Exemple en indonésien | Alphabet phonétique T&P | Exemple en français |
|---|---|---|---|
| Aa | zaman | [a] | classe |
| Bb | besar | [b] | bureau |
| Cc | kecil, cepat | [tʃ] | match |
| Dd | dugaan | [d] | document |
| Ee | segera, mencium | [e], [ə] | vers |
| Ff | berfungsi | [f] | formule |
| Gg | juga, lagi | [g] | gris |
| Hh | hanya, bahwa | [h] | [h] aspiré |
| Ii | izin, sebagai ganti | [i], [j] | stylo, maillot |
| Jj | setuju, ijin | [dʒʲ] | tadjik |
| Kk | kemudian, tidak | [k], [ˀ] | bocal, coup de glotte |
| Ll | dilarang | [l] | vélo |
| Mm | melihat | [m] | minéral |
| Nn | berenang | [n], [ŋ] | ananas, parking |
| Oo | toko roti | [oː] | tableau |
| Pp | peribahasa | [p] | panama |
| Qq | Aquarius | [k] | bocal |
| Rr | ratu, riang | [r] | rouge |
| Ss | sendok, syarat | [s], [ʃ] | syndicat, chariot |
| Tt | tamu, adat | [t] | tennis |
| Uu | ambulans | [u] | boulevard |
| Vv | renovasi | [v] | rivière |
| Ww | pariwisata | [w] | iguane |
| Xx | boxer | [ks] | taxi |
| Yy | banyak, syarat | [j] | maillot |
| Zz | zamrud | [z] | gazeuse |

## Combinaisons de lettres

| aa | maaf | [aˀa] | a+coup de glotte |
|---|---|---|---|
| kh | khawatir | [h] | [h] aspiré |
| th | Gereja Lutheran | [t] | tennis |
| -k | tidak | [ˀ] | coup de glotte |

# ABRÉVIATIONS
## employées dans ce livre

### Abréviations en français

| | | |
|---|---|---|
| adj | - | adjective |
| adv | - | adverbe |
| anim. | - | animé |
| conj | - | conjonction |
| dénombr. | - | dénombrable |
| etc. | - | et cetera |
| f | - | nom féminin |
| f pl | - | féminin pluriel |
| fam. | - | familiar |
| fem. | - | féminin |
| form. | - | formal |
| inanim. | - | inanimé |
| indénombr. | - | indénombrable |
| m | - | nom masculin |
| m pl | - | masculin pluriel |
| m, f | - | masculin, féminin |
| masc. | - | masculin |
| math | - | mathematics |
| mil. | - | militaire |
| pl | - | pluriel |
| prep | - | préposition |
| pron | - | pronom |
| qch | - | quelque chose |
| qn | - | quelqu'un |
| sing. | - | singulier |
| v aux | - | verbe auxiliaire |
| v imp | - | verbe impersonnel |
| vi | - | verbe intransitif |
| vi, vt | - | verbe intransitif, transitif |
| vp | - | verbe pronominal |
| vt | - | verbe transitif |

# CONCEPTS DE BASE

## 1. Les pronoms

| | | |
|---|---|---|
| je | saya, aku | [saja], [aku] |
| tu | engkau, kamu | [eŋkau], [kamu] |
| il, elle, ça | beliau, dia, ia | [beliau], [dia], [ia] |
| nous | kami, kita | [kami], [kita] |
| vous | kalian | [kalian] |
| vous (form., sing.) | Anda | [anda] |
| vous (form., pl) | Anda sekalian | [anda sekalian] |
| ils, elles | mereka | [mereka] |

## 2. Adresser des vœux. Se dire bonjour

| | | |
|---|---|---|
| Bonjour! (fam.) | Halo! | [halo!] |
| Bonjour! (form.) | Halo! | [halo!] |
| Bonjour! (le matin) | Selamat pagi! | [slamat pagi!] |
| Bonjour! (après-midi) | Selamat siang! | [slamat siaŋ!] |
| Bonsoir! | Selamat sore! | [slamat sore!] |
| dire bonjour | menyapa | [mənjapa] |
| Salut! | Hai! | [hey!] |
| salut (m) | sambutan, salam | [sambutan], [salam] |
| saluer (vt) | menyambut | [mənjambut] |
| Comment ça va? | Apa kabar? | [apa kabar?] |
| Quoi de neuf? | Apa yang baru? | [apa yaŋ baru?] |
| Au revoir! (form.) | Selamat tinggal! Selamat jalan! | [slamat tiŋgal!], [slamat dʒ'alan!] |
| Au revoir! (fam.) | Dadah! | [dadah!] |
| À bientôt! | Sampai bertemu lagi! | [sampaj bərtemu lagi!] |
| Adieu! (fam.) | Sampai jumpa! | [sampaj dʒ'umpa!] |
| Adieu! (form.) | Selamat tinggal! | [slamat tiŋgal!] |
| dire au revoir | berpamitan | [bərpamitan] |
| Salut! (À bientôt!) | Sampai nanti! | [sampaj nanti!] |
| Merci! | Terima kasih! | [tərima kasih!] |
| Merci beaucoup! | Terima kasih banyak! | [tərima kasih banja'!] |
| Je vous en prie | Kembali! Sama-sama! | [kembali!], [sama-sama!] |
| Il n'y a pas de quoi | Kembali! | [kembali!] |
| Pas de quoi | Kembali! | [kembali!] |
| Excuse-moi! Excusez-moi! | Maaf, … | [ma'af, …] |
| excuser (vt) | memaafkan | [mema'afkan] |
| s'excuser (vp) | meminta maaf | [meminta ma'af] |
| Mes excuses | Maafkan saya | [ma'afkan saja] |

| Pardonnez-moi! | Maaf! | [ma'af!] |
| pardonner (vt) | memaafkan | [mema'afkan] |
| C'est pas grave | Tidak apa-apa! | [tida' apa-apa!] |
| s'il vous plaît | tolong | [toloŋ] |

| N'oubliez pas! | Jangan lupa! | [dʒaŋan lupa!] |
| Bien sûr! | Tentu! | [tentu!] |
| Bien sûr que non! | Tentu tidak! | [tentu tida'!] |
| D'accord! | Baiklah! Baik! | [bajklah!], [baj'!] |
| Ça suffit! | Cukuplah! | [tʃukuplah!] |

## 3. Les questions

| Qui? | Siapa? | [siapa?] |
| Quoi? | Apa? | [apa?] |
| Où? (~ es-tu?) | Di mana? | [di mana?] |
| Où? (~ vas-tu?) | Ke mana? | [ke mana?] |
| D'où? | Dari mana? | [dari mana?] |
| Quand? | Kapan? | [kapan?] |
| Pourquoi? (~ es-tu venu?) | Mengapa? | [məŋapa?] |
| Pourquoi? (~ t'es pâle?) | Mengapa? | [məŋapa?] |

| À quoi bon? | Untuk apa? | [untu' apa?] |
| Comment? | Bagaimana? | [bagajmana?] |
| Quel? (à ~ prix?) | Apa? Yang mana? | [apa?], [yaŋ mana?] |
| Lequel? | Yang mana? | [yaŋ mana?] |

| À qui? (pour qui?) | Kepada siapa? Untuk siapa? | [kepada siapa?], [untu' siapa?] |
| De qui? | Tentang siapa? | [tentaŋ siapa?] |
| De quoi? | Tentang apa? | [tentaŋ apa?] |
| Avec qui? | Dengan siapa? | [deŋan siapa?] |

| Combien? | Berapa? | [bərapa?] |
| À qui? | Milik siapa? | [mili' siapa?] |

## 4. Les prépositions

| avec (~ toi) | dengan | [deŋan] |
| sans (~ sucre) | tanpa | [tanpa] |
| à (aller ~ ...) | ke | [ke] |
| de (au sujet de) | tentang ... | [tentaŋ ...] |
| avant (~ midi) | sebelum | [sebelum] |
| devant (~ la maison) | di depan ... | [di depan ...] |

| sous (~ la commode) | di bawah | [di bawah] |
| au-dessus de ... | di atas | [di atas] |
| sur (dessus) | di atas | [di atas] |
| de (venir ~ Paris) | dari | [dari] |
| en (en bois, etc.) | dari | [dari] |
| dans (~ deux heures) | dalam | [dalam] |
| par dessus | melalui | [melalui] |

## 5. Les mots-outils. Les adverbes. Partie 1

| Français | Indonésien | Prononciation |
|---|---|---|
| Où? (~ es-tu?) | Di mana? | [di mana?] |
| ici (c'est ~) | di sini | [di sini] |
| là-bas (c'est ~) | di sana | [di sana] |
| | | |
| quelque part (être) | di suatu tempat | [di suatu tempat] |
| nulle part (adv) | tak ada di mana pun | [ta' ada di mana pun] |
| | | |
| près de ... | dekat | [dekat] |
| près de la fenêtre | dekat jendela | [dekat dʒ'endela] |
| | | |
| Où? (~ vas-tu?) | Ke mana? | [ke mana?] |
| ici (Venez ~) | ke sini | [ke sini] |
| là-bas (j'irai ~) | ke sana | [ke sana] |
| d'ici (adv) | dari sini | [dari sini] |
| de là-bas (adv) | dari sana | [dari sana] |
| | | |
| près (pas loin) | dekat | [dekat] |
| loin (adv) | jauh | [dʒ'auh] |
| près de (~ Paris) | dekat | [dekat] |
| tout près (adv) | dekat | [dekat] |
| pas loin (adv) | tidak jauh | [tida' dʒ'auh] |
| | | |
| gauche (adj) | kiri | [kiri] |
| à gauche (être ~) | di kiri | [di kiri] |
| à gauche (tournez ~) | ke kiri | [ke kiri] |
| | | |
| droit (adj) | kanan | [kanan] |
| à droite (être ~) | di kanan | [di kanan] |
| à droite (tournez ~) | ke kanan | [ke kanan] |
| | | |
| devant (adv) | di depan | [di depan] |
| de devant (adj) | depan | [depan] |
| en avant (adv) | ke depan | [ke depan] |
| | | |
| derrière (adv) | di belakang | [di belakaŋ] |
| par derrière (adv) | dari belakang | [dari belakaŋ] |
| en arrière (regarder ~) | mundur | [mundur] |
| | | |
| milieu (m) | tengah | [teŋah] |
| au milieu (adv) | di tengah | [di teŋah] |
| de côté (vue ~) | di sisi, di samping | [di sisi], [di sampiŋ] |
| partout (adv) | di mana-mana | [di mana-mana] |
| autour (adv) | di sekitar | [di sekitar] |
| | | |
| de l'intérieur | dari dalam | [dari dalam] |
| quelque part (aller) | ke suatu tempat | [ke suatu tempat] |
| tout droit (adv) | terus | [terus] |
| en arrière (revenir ~) | kembali | [kembali] |
| | | |
| de quelque part (n'import d'où) | dari mana pun | [dari mana pun] |
| de quelque part (on ne sait pas d'où) | dari suatu tempat | [dari suatu tempat] |

| premièrement (adv) | pertama | [pərtama] |
| deuxièmement (adv) | kedua | [kedua] |
| troisièmement (adv) | ketiga | [ketiga] |

| soudain (adv) | tiba-tiba | [tiba-tiba] |
| au début (adv) | mula-mula | [mula-mula] |
| pour la première fois | untuk pertama kalinya | [untu' pərtama kalinja] |
| bien avant ... | jauh sebelum ... | [dʒ'auh sebelum ...] |
| de nouveau (adv) | kembali | [kembali] |
| pour toujours (adv) | untuk selama-lamanya | [untu' selama-lamanja] |

| jamais (adv) | tidak pernah | [tida' pərnah] |
| de nouveau, encore (adv) | lagi, kembali | [lagi], [kembali] |
| maintenant (adv) | sekarang | [sekaraŋ] |
| souvent (adv) | sering, seringkali | [seriŋ], [seriŋkali] |
| alors (adv) | ketika itu | [ketika itu] |
| d'urgence (adv) | segera | [segera] |
| d'habitude (adv) | biasanya | [biasanja] |

| à propos, ... | ngomong-ngomong ... | [ŋomoŋ-ŋomoŋ ...] |
| c'est possible | mungkin | [muŋkin] |
| probablement (adv) | mungkin | [muŋkin] |
| peut-être (adv) | mungkin | [muŋkin] |
| en plus, ... | selain itu ... | [selajn itu ...] |
| c'est pourquoi ... | karena itu ... | [karena itu ...] |
| malgré ... | meskipun ... | [meskipun ...] |
| grâce à ... | berkat ... | [berkat ...] |

| quoi (pron) | apa | [apa] |
| que (conj) | bahwa | [bahwa] |
| quelque chose (Il m'est arrivé ~) | sesuatu | [sesuatu] |
| quelque chose (peut-on faire ~) | sesuatu | [sesuatu] |
| rien (m) | tidak sesuatu pun | [tida' sesuatu pun] |

| qui (pron) | siapa | [siapa] |
| quelqu'un (on ne sait pas qui) | seseorang | [seseoraŋ] |
| quelqu'un (n'importe qui) | seseorang | [seseoraŋ] |

| personne (pron) | tidak seorang pun | [tida' seoraŋ pun] |
| nulle part (aller ~) | tidak ke mana pun | [tida' ke mana pun] |
| de personne | tidak milik siapa pun | [tida' mili' siapa pun] |
| de n'importe qui | milik seseorang | [mili' seseoraŋ] |

| comme ça (adv) | sangat | [saŋat] |
| également (adv) | juga | [dʒ'uga] |
| aussi (adv) | juga | [dʒ'uga] |

## 6. Les mots-outils. Les adverbes. Partie 2

| Pourquoi? | Mengapa? | [məŋapa?] |
| pour une certaine raison | entah mengapa | [entah məŋapa] |
| parce que ... | karena ... | [karena ...] |

| | | |
|---|---|---|
| pour une raison quelconque | **untuk tujuan tertentu** | [untuʔ tuʤʲuan tərtentu] |
| et (conj) | **dan** | [dan] |
| ou (conj) | **atau** | [atau] |
| mais (conj) | **tetapi, namun** | [tetapi], [namun] |
| pour ... (prep) | **untuk** | [untuʔ] |
| | | |
| trop (adv) | **terlalu** | [tərlalu] |
| seulement (adv) | **hanya** | [hanja] |
| précisément (adv) | **tepat** | [tepat] |
| près de ... (prep) | **sekitar** | [sekitar] |
| | | |
| approximativement | **kira-kira** | [kira-kira] |
| approximatif (adj) | **kira-kira** | [kira-kira] |
| presque (adv) | **hampir** | [hampir] |
| reste (m) | **selebihnya, sisanya** | [selebihnja], [sisanja] |
| | | |
| l'autre (adj) | **kedua** | [kedua] |
| autre (adj) | **lain** | [lain] |
| chaque (adj) | **setiap** | [setiap] |
| n'importe quel (adj) | **sebarang** | [sebaraŋ] |
| beaucoup (adv) | **banyak** | [banjaʔ] |
| plusieurs (pron) | **banyak orang** | [banjaʔ oraŋ] |
| tous | **semua** | [semua] |
| | | |
| en échange de ... | **sebagai ganti ...** | [sebagaj ganti ...] |
| en échange (adv) | **sebagai gantinya** | [sebagaj gantinja] |
| à la main (adv) | **dengan tangan** | [deŋan taŋan] |
| peu probable (adj) | **hampir tidak** | [hampir tidaʔ] |
| | | |
| probablement (adv) | **mungkin** | [muŋkin] |
| exprès (adv) | **sengaja** | [seŋaʤʲa] |
| par accident (adv) | **tidak sengaja** | [tidaʔ seŋaʤʲa] |
| | | |
| très (adv) | **sangat** | [saŋat] |
| par exemple (adv) | **misalnya** | [misalnja] |
| entre (prep) | **antara** | [antara] |
| parmi (prep) | **di antara** | [di antara] |
| autant (adv) | **banyak sekali** | [banjaʔ sekali] |
| surtout (adv) | **terutama** | [terutama] |

# NOMBRES. DIVERS

## 7. Les nombres cardinaux. Partie 1

| | | |
|---|---|---|
| zéro | **nol** | [nol] |
| un | **satu** | [satu] |
| deux | **dua** | [dua] |
| trois | **tiga** | [tiga] |
| quatre | **empat** | [empat] |
| | | |
| cinq | **lima** | [lima] |
| six | **enam** | [enam] |
| sept | **tujuh** | [tudʒʲuh] |
| huit | **delapan** | [delapan] |
| neuf | **sembilan** | [sembilan] |
| | | |
| dix | **sepuluh** | [sepuluh] |
| onze | **sebelas** | [sebelas] |
| douze | **dua belas** | [dua belas] |
| treize | **tiga belas** | [tiga belas] |
| quatorze | **empat belas** | [empat belas] |
| | | |
| quinze | **lima belas** | [lima belas] |
| seize | **enam belas** | [enam belas] |
| dix-sept | **tujuh belas** | [tudʒʲuh belas] |
| dix-huit | **delapan belas** | [delapan belas] |
| dix-neuf | **sembilan belas** | [sembilan belas] |
| | | |
| vingt | **dua puluh** | [dua puluh] |
| vingt et un | **dua puluh satu** | [dua puluh satu] |
| vingt-deux | **dua puluh dua** | [dua puluh dua] |
| vingt-trois | **dua puluh tiga** | [dua puluh tiga] |
| | | |
| trente | **tiga puluh** | [tiga puluh] |
| trente et un | **tiga puluh satu** | [tiga puluh satu] |
| trente-deux | **tiga puluh dua** | [tiga puluh dua] |
| trente-trois | **tiga puluh tiga** | [tiga puluh tiga] |
| | | |
| quarante | **empat puluh** | [empat puluh] |
| quarante et un | **empat puluh satu** | [empat puluh satu] |
| quarante-deux | **empat puluh dua** | [empat puluh dua] |
| quarante-trois | **empat puluh tiga** | [empat puluh tiga] |
| | | |
| cinquante | **lima puluh** | [lima puluh] |
| cinquante et un | **lima puluh satu** | [lima puluh satu] |
| cinquante-deux | **lima puluh dua** | [lima puluh dua] |
| cinquante-trois | **lima puluh tiga** | [lima puluh tiga] |
| | | |
| soixante | **enam puluh** | [enam puluh] |
| soixante et un | **enam puluh satu** | [enam puluh satu] |

| | | |
|---|---|---|
| soixante-deux | **enam puluh dua** | [enam puluh dua] |
| soixante-trois | **enam puluh tiga** | [enam puluh tiga] |
| | | |
| soixante-dix | **tujuh puluh** | [tudʒ'uh puluh] |
| soixante et onze | **tujuh puluh satu** | [tudʒ'uh puluh satu] |
| soixante-douze | **tujuh puluh dua** | [tudʒ'uh puluh dua] |
| soixante-treize | **tujuh puluh tiga** | [tudʒ'uh puluh tiga] |
| | | |
| quatre-vingts | **delapan puluh** | [delapan puluh] |
| quatre-vingt et un | **delapan puluh satu** | [delapan puluh satu] |
| quatre-vingt deux | **delapan puluh dua** | [delapan puluh dua] |
| quatre-vingt trois | **delapan puluh tiga** | [delapan puluh tiga] |
| | | |
| quatre-vingt-dix | **sembilan puluh** | [sembilan puluh] |
| quatre-vingt et onze | **sembulan puluh satu** | [sembulan puluh satu] |
| quatre-vingt-douze | **sembilan puluh dua** | [sembilan puluh dua] |
| quatre-vingt-treize | **sembilan puluh tiga** | [sembilan puluh tiga] |

## 8. Les nombres cardinaux. Partie 2

| | | |
|---|---|---|
| cent | **seratus** | [seratus] |
| deux cents | **dua ratus** | [dua ratus] |
| trois cents | **tiga ratus** | [tiga ratus] |
| quatre cents | **empat ratus** | [empat ratus] |
| cinq cents | **lima ratus** | [lima ratus] |
| | | |
| six cents | **enam ratus** | [enam ratus] |
| sept cents | **tujuh ratus** | [tudʒ'uh ratus] |
| huit cents | **delapan ratus** | [delapan ratus] |
| neuf cents | **sembilan ratus** | [sembilan ratus] |
| | | |
| mille | **seribu** | [seribu] |
| deux mille | **dua ribu** | [dua ribu] |
| trois mille | **tiga ribu** | [tiga ribu] |
| dix mille | **sepuluh ribu** | [sepuluh ribu] |
| cent mille | **seratus ribu** | [seratus ribu] |
| million (m) | **juta** | [dʒ'uta] |
| milliard (m) | **miliar** | [miliar] |

## 9. Les nombres ordinaux

| | | |
|---|---|---|
| premier (adj) | **pertama** | [pertama] |
| deuxième (adj) | **kedua** | [kedua] |
| troisième (adj) | **ketiga** | [ketiga] |
| quatrième (adj) | **keempat** | [keempat] |
| cinquième (adj) | **kelima** | [kelima] |
| | | |
| sixième (adj) | **keenam** | [keenam] |
| septième (adj) | **ketujuh** | [ketudʒ'uh] |
| huitième (adj) | **kedelapan** | [kedelapan] |
| neuvième (adj) | **kesembilan** | [kesembilan] |
| dixième (adj) | **kesepuluh** | [kesepuluh] |

# LES COULEURS. LES UNITÉS DE MESURE

## 10. Les couleurs

| | | |
|---|---|---|
| couleur (f) | warna | [warna] |
| teinte (f) | nuansa | [nuansa] |
| ton (m) | warna | [warna] |
| arc-en-ciel (m) | pelangi | [pelaŋi] |
| | | |
| blanc (adj) | putih | [putih] |
| noir (adj) | hitam | [hitam] |
| gris (adj) | kelabu | [kelabu] |
| | | |
| vert (adj) | hijau | [hiʤau] |
| jaune (adj) | kuning | [kuniŋ] |
| rouge (adj) | merah | [merah] |
| | | |
| bleu (adj) | biru | [biru] |
| bleu clair (adj) | biru muda | [biru muda] |
| rose (adj) | pink | [pinˀ] |
| orange (adj) | oranye, jingga | [oranje], [ʤiŋga] |
| violet (adj) | violet, ungu muda | [violet], [uŋu muda] |
| brun (adj) | cokelat | [ʧokelat] |
| | | |
| d'or (adj) | keemasan | [keemasan] |
| argenté (adj) | keperakan | [keperakan] |
| | | |
| beige (adj) | abu-abu kecokelatan | [abu-abu keʧokelatan] |
| crème (adj) | krem | [krem] |
| turquoise (adj) | pirus | [pirus] |
| rouge cerise (adj) | merah tua | [merah tua] |
| lilas (adj) | ungu | [uŋu] |
| framboise (adj) | merah lembayung | [merah lembajuŋ] |
| | | |
| clair (adj) | terang | [teraŋ] |
| foncé (adj) | gelap | [gelap] |
| vif (adj) | terang | [teraŋ] |
| | | |
| de couleur (adj) | berwarna | [berwarna] |
| en couleurs (adj) | warna | [warna] |
| noir et blanc (adj) | hitam-putih | [hitam-putih] |
| unicolore (adj) | polos, satu warna | [polos], [satu warna] |
| multicolore (adj) | berwarna-warni | [berwarna-warni] |

## 11. Les unités de mesure

| | | |
|---|---|---|
| poids (m) | berat | [berat] |
| longueur (f) | panjang | [panʤaŋ] |

| | | |
|---|---|---|
| largeur (f) | **lebar** | [lebar] |
| hauteur (f) | **ketinggian** | [ketiŋgian] |
| profondeur (f) | **kedalaman** | [kedalaman] |
| volume (m) | **volume, isi** | [volume], [isi] |
| aire (f) | **luas** | [luas] |
| | | |
| gramme (m) | **gram** | [gram] |
| milligramme (m) | **miligram** | [miligram] |
| kilogramme (m) | **kilogram** | [kilogram] |
| tonne (f) | **ton** | [ton] |
| livre (f) | **pon** | [pon] |
| once (f) | **ons** | [ons] |
| | | |
| mètre (m) | **meter** | [meter] |
| millimètre (m) | **milimeter** | [milimeter] |
| centimètre (m) | **sentimeter** | [sentimeter] |
| kilomètre (m) | **kilometer** | [kilometer] |
| mille (m) | **mil** | [mil] |
| | | |
| pouce (m) | **inci** | [intʃi] |
| pied (m) | **kaki** | [kaki] |
| yard (m) | **yard** | [yard] |
| | | |
| mètre (m) carré | **meter persegi** | [meter pərsegi] |
| hectare (m) | **hektar** | [hektar] |
| | | |
| litre (m) | **liter** | [liter] |
| degré (m) | **derajat** | [deradʒiat] |
| volt (m) | **volt** | [volt] |
| ampère (m) | **ampere** | [ampere] |
| cheval-vapeur (m) | **tenaga kuda** | [tenaga kuda] |
| | | |
| quantité (f) | **kuantitas** | [kuantitas] |
| un peu de … | **sedikit …** | [sedikit …] |
| moitié (f) | **setengah** | [setəŋah] |
| douzaine (f) | **lusin** | [lusin] |
| pièce (f) | **buah** | [buah] |
| | | |
| dimension (f) | **ukuran** | [ukuran] |
| échelle (f) (de la carte) | **skala** | [skala] |
| | | |
| minimal (adj) | **minimal** | [minimal] |
| le plus petit (adj) | **terkecil** | [tərketʃil] |
| moyen (adj) | **sedang** | [sedaŋ] |
| maximal (adj) | **maksimal** | [maksimal] |
| le plus grand (adj) | **terbesar** | [tərbesar] |

## 12. Les récipients

| | | |
|---|---|---|
| bocal (m) en verre | **gelas** | [gelas] |
| boîte, canette (f) | **kaleng** | [kaleŋ] |
| seau (m) | **ember** | [ember] |
| tonneau (m) | **tong** | [toŋ] |
| bassine, cuvette (f) | **baskom** | [baskom] |

| cuve (f) | tangki | [taŋki] |
| flasque (f) | pelples | [pelples] |
| jerrican (m) | jeriken | [dʒˈeriken] |
| citerne (f) | tangki | [taŋki] |

| tasse (f), mug (m) | mangkuk | [maŋkuʔ] |
| tasse (f) | cangkir | [ʧaŋkir] |
| soucoupe (f) | alas cangkir | [alas ʧaŋkir] |
| verre (m) (~ d'eau) | gelas | [gelas] |
| verre (m) à vin | gelas anggur | [gelas aŋgur] |
| faitout (m) | panci | [panʧi] |

| bouteille (f) | botol | [botol] |
| goulot (m) | leher | [leher] |

| carafe (f) | karaf | [karaf] |
| pichet (m) | kendi | [kendi] |
| récipient (m) | wadah | [wadah] |
| pot (m) | pot | [pot] |
| vase (m) | vas | [vas] |

| flacon (m) | botol | [botol] |
| fiole (f) | botol kecil | [botol keʧil] |
| tube (m) | tabung | [tabuŋ] |

| sac (m) (grand ~) | karung | [karuŋ] |
| sac (m) (~ en plastique) | kantong | [kantoŋ] |
| paquet (m) (~ de cigarettes) | bungkus | [buŋkus] |

| boîte (f) | kotak, kardus | [kotak], [kardus] |
| caisse (f) | kotak | [kotaʔ] |
| panier (m) | bakul | [bakul] |

# LES VERBES LES PLUS IMPORTANTS

## 13. Les verbes les plus importants. Partie 1

| | | |
|---|---|---|
| aider (vt) | membantu | [membantu] |
| aimer (qn) | mencintai | [mәntʃintaj] |
| aller (à pied) | berjalan | [bәrdʒ'alan] |
| apercevoir (vt) | memperhatikan | [memperhatikan] |
| appartenir à … | kepunyaan … | [kepunja'an …] |
| | | |
| appeler (au secours) | memanggil | [memaŋgil] |
| attendre (vt) | menunggu | [mәnuŋgu] |
| attraper (vt) | menangkap | [mәnaŋkap] |
| avertir (vt) | memperingatkan | [memperiŋatkan] |
| | | |
| avoir (vt) | mempunyai | [mempunjaj] |
| avoir confiance | mempercayai | [mempertʃajaj] |
| avoir faim | lapar | [lapar] |
| | | |
| avoir peur | takut | [takut] |
| avoir soif | haus | [haus] |
| cacher (vt) | menyembunyikan | [mәnjembunjikan] |
| casser (briser) | memecahkan | [memetʃahkan] |
| cesser (vt) | menghentikan | [mәŋhentikan] |
| | | |
| changer (vt) | mengubah | [mәŋubah] |
| chasser (animaux) | berburu | [bәrburu] |
| chercher (vt) | mencari … | [mәntʃari …] |
| choisir (vt) | memilih | [memilih] |
| commander (~ le menu) | memesan | [memesan] |
| | | |
| commencer (vt) | memulai, membuka | [memulaj], [membuka] |
| comparer (vt) | membandingkan | [membandiŋkan] |
| comprendre (vt) | mengerti | [mәŋerti] |
| | | |
| compter (dénombrer) | menghitung | [mәŋhituŋ] |
| compter sur … | mengharapkan … | [mәŋharapkan …] |
| | | |
| confondre (vt) | bingung membedakan | [biŋuŋ membedakan] |
| connaître (qn) | kenal | [kenal] |
| conseiller (vt) | menasihati | [mәnasihati] |
| | | |
| continuer (vt) | meneruskan | [mәneruskan] |
| contrôler (vt) | mengontrol | [mәŋontrol] |
| | | |
| courir (vi) | lari | [lari] |
| coûter (vt) | berharga | [bәrharga] |
| créer (vt) | menciptakan | [mәntʃiptakan] |
| creuser (vt) | menggali | [mәŋgali] |
| crier (vi) | berteriak | [bәrteria'] |

## 14. Les verbes les plus importants. Partie 2

| | | |
|---|---|---|
| décorer (~ la maison) | menghiasi | [məŋhiasi] |
| défendre (vt) | membela | [membela] |
| déjeuner (vi) | makan siang | [makan siaŋ] |
| demander (~ l'heure) | bertanya | [bərtanja] |
| demander (de faire qch) | meminta | [meminta] |
| | | |
| descendre (vi) | turun | [turun] |
| deviner (vt) | menerka | [mənerka] |
| dîner (vi) | makan malam | [makan malam] |
| dire (vt) | berkata | [bərkata] |
| diriger (~ une usine) | memimpin | [memimpin] |
| discuter (vt) | membicarakan | [membitʃarakan] |
| | | |
| donner (vt) | memberi | [memberi] |
| donner un indice | memberi petunjuk | [memberi petundʒʲuʔ] |
| douter (vt) | ragu-ragu | [ragu-ragu] |
| écrire (vt) | menulis | [mənulis] |
| entendre (bruit, etc.) | mendengar | [məndeŋar] |
| | | |
| entrer (vi) | masuk, memasuki | [masuk], [memasuki] |
| envoyer (vt) | mengirim | [məŋirim] |
| espérer (vi) | berharap | [bərharap] |
| essayer (vt) | mencoba | [məntʃoba] |
| être (~ fatigué) | sedang | [sedaŋ] |
| être (~ médecin) | ialah, adalah | [ialah], [adalah] |
| être d'accord | setuju | [setudʒu] |
| être nécessaire | dibutuhkan | [dibutuhkan] |
| être pressé | tergesa-gesa | [tərgesa-gesa] |
| | | |
| étudier (vt) | mempelajari | [mempeladʒʲari] |
| excuser (vt) | memaafkan | [memaʔafkan] |
| exiger (vt) | menuntut | [mənuntut] |
| exister (vi) | ada | [ada] |
| expliquer (vt) | menjelaskan | [məndʒʲelaskan] |
| | | |
| faire (vt) | membuat | [membuat] |
| faire tomber | tercecer | [tərtʃetʃer] |
| finir (vt) | mengakhiri | [məŋahiri] |
| garder (conserver) | menyimpan | [məɲimpan] |
| gronder, réprimander (vt) | memarahi, menegur | [memarahi], [menegur] |
| | | |
| informer (vt) | menginformasikan | [məŋinformasikan] |
| insister (vi) | mendesak | [məndesaʔ] |
| insulter (vt) | menghina | [məŋhina] |
| inviter (vt) | mengundang | [məŋundaŋ] |
| jouer (s'amuser) | bermain | [bərmajn] |

## 15. Les verbes les plus importants. Partie 3

| | | |
|---|---|---|
| libérer (ville, etc.) | membebaskan | [membebaskan] |
| lire (vi, vt) | membaca | [membatʃa] |

| | | |
|---|---|---|
| louer (prendre en location) | menyewa | [mənjewa] |
| manquer (l'école) | absen | [absen] |
| menacer (vt) | mengancam | [mənantʃam] |
| | | |
| mentionner (vt) | menyebut | [mənjebut] |
| montrer (vt) | menunjukkan | [mənundʒˈuʔkan] |
| nager (vi) | berenang | [bərenaŋ] |
| objecter (vt) | keberatan | [keberatan] |
| observer (vt) | mengamati | [məŋamati] |
| | | |
| ordonner (mil.) | memerintahkan | [memerintahkan] |
| oublier (vt) | melupakan | [melupakan] |
| ouvrir (vt) | membuka | [membuka] |
| pardonner (vt) | memaafkan | [mema'afkan] |
| parler (vi, vt) | berbicara | [bərbitʃara] |
| | | |
| participer à … | turut serta | [turut serta] |
| payer (régler) | membayar | [membajar] |
| penser (vi, vt) | berpikir | [bərpikir] |
| permettre (vt) | mengizinkan | [məŋizinkan] |
| plaire (être apprécié) | suka | [suka] |
| | | |
| plaisanter (vi) | bergurau | [bərgurau] |
| planifier (vt) | merencanakan | [merentʃanakan] |
| pleurer (vi) | menangis | [mənaŋis] |
| posséder (vt) | memiliki | [memiliki] |
| pouvoir (v aux) | bisa | [bisa] |
| préférer (vt) | lebih suka | [lebih suka] |
| | | |
| prendre (vt) | mengambil | [məŋambil] |
| prendre en note | mencatat | [mentʃatat] |
| prendre le petit déjeuner | sarapan | [sarapan] |
| préparer (le dîner) | memasak | [memasaʔ] |
| prévoir (vt) | menduga | [mənduga] |
| | | |
| prier (~ Dieu) | bersembahyang, berdoa | [bərsembahjaŋ], [bərdoa] |
| promettre (vt) | berjanji | [bərdʒˈandʒi] |
| prononcer (vt) | melafalkan | [melafalkan] |
| proposer (vt) | mengusulkan | [məŋusulkan] |
| punir (vt) | menghukum | [məŋhukum] |

## 16. Les verbes les plus importants. Partie 4

| | | |
|---|---|---|
| recommander (vt) | merekomendasi | [merekomendasi] |
| regretter (vt) | menyesal | [mənjesal] |
| répéter (dire encore) | mengulangi | [məŋulaŋi] |
| répondre (vi, vt) | menjawab | [məndʒˈawab] |
| réserver (une chambre) | memesan | [memesan] |
| | | |
| rester silencieux | diam | [diam] |
| réunir (regrouper) | menyatukan | [mənjatukan] |
| rire (vi) | tertawa | [tərtawa] |
| s'arrêter (vp) | berhenti | [bərhenti] |
| s'asseoir (vp) | duduk | [duduʔ] |

| | | |
|---|---|---|
| sauver (la vie à qn) | menyelamatkan | [mənjelamatkan] |
| savoir (qch) | tahu | [tahu] |
| se baigner (vp) | berenang | [berenaŋ] |
| se plaindre (vp) | mengeluh | [məŋeluh] |
| se refuser (vp) | menolak | [mənolaʔ] |
| | | |
| se tromper (vp) | salah | [salah] |
| se vanter (vp) | membual | [membual] |
| s'étonner (vp) | heran | [heran] |
| s'excuser (vp) | meminta maaf | [meminta maʔaf] |
| signer (vt) | menandatangani | [mənandataŋani] |
| | | |
| signifier (vt) | berarti | [bərarti] |
| s'intéresser (vp) | menaruh minat pada ... | [mənaruh minat pada ...] |
| sortir (aller dehors) | keluar | [keluar] |
| sourire (vi) | tersenyum | [tərsenyum] |
| sous-estimer (vt) | meremehkan | [meremehkan] |
| | | |
| suivre ... (suivez-moi) | mengikuti ... | [məŋikuti ...] |
| tirer (vi) | menembak | [mənembaʔ] |
| tomber (vi) | jatuh | [dʒʲatuh] |
| toucher (avec les mains) | menyentuh | [mənjentuh] |
| tourner (~ à gauche) | membelok | [membeloʔ] |
| | | |
| traduire (vt) | menerjemahkan | [mənerdʒʲemahkan] |
| travailler (vi) | bekerja | [bekerdʒʲa] |
| tromper (vt) | menipu | [mənipu] |
| trouver (vt) | menemukan | [mənemukan] |
| tuer (vt) | membunuh | [membunuh] |
| vendre (vt) | menjual | [məndʒʲual] |
| | | |
| venir (vi) | datang | [dataŋ] |
| voir (vt) | melihat | [melihat] |
| voler (avion, oiseau) | terbang | [tərbaŋ] |
| voler (qch à qn) | mencuri | [məntʃuri] |
| vouloir (vt) | mau, ingin | [mau], [iŋin] |

# LA NOTION DE TEMPS. LE CALENDRIER

## 17. Les jours de la semaine

| | | |
|---|---|---|
| lundi (m) | Hari Senin | [hari senin] |
| mardi (m) | Hari Selasa | [hari selasa] |
| mercredi (m) | Hari Rabu | [hari rabu] |
| jeudi (m) | Hari Kamis | [hari kamis] |
| vendredi (m) | Hari Jumat | [hari dʒ'umat] |
| samedi (m) | Hari Sabtu | [hari sabtu] |
| dimanche (m) | Hari Minggu | [hari miŋgu] |
| | | |
| aujourd'hui (adv) | hari ini | [hari ini] |
| demain (adv) | besok | [besoʔ] |
| après-demain (adv) | besok lusa | [besoʔ lusa] |
| hier (adv) | kemarin | [kemarin] |
| avant-hier (adv) | kemarin dulu | [kemarin dulu] |
| | | |
| jour (m) | hari | [hari] |
| jour (m) ouvrable | hari kerja | [hari kerdʒ'a] |
| jour (m) férié | hari libur | [hari libur] |
| jour (m) de repos | hari libur | [hari libur] |
| week-end (m) | akhir pekan | [ahir pekan] |
| | | |
| toute la journée | seharian | [seharian] |
| le lendemain | hari berikutnya | [hari bərikutnja] |
| il y a 2 jours | dua hari lalu | [dua hari lalu] |
| la veille | hari sebelumnya | [hari sebelumnja] |
| quotidien (adj) | harian | [harian] |
| tous les jours | tiap hari | [tiap hari] |
| | | |
| semaine (f) | minggu | [miŋgu] |
| la semaine dernière | minggu lalu | [miŋgu lalu] |
| la semaine prochaine | minggu berikutnya | [miŋgu bərikutnja] |
| hebdomadaire (adj) | mingguan | [miŋguan] |
| chaque semaine | tiap minggu | [tiap miŋgu] |
| 2 fois par semaine | dua kali seminggu | [dua kali semiŋgu] |
| tous les mardis | tiap Hari Selasa | [tiap hari selasa] |

## 18. Les heures. Le jour et la nuit

| | | |
|---|---|---|
| matin (m) | pagi | [pagi] |
| le matin | pada pagi hari | [pada pagi hari] |
| midi (m) | tengah hari | [teŋah hari] |
| dans l'après-midi | pada sore hari | [pada sore hari] |
| | | |
| soir (m) | sore, malam | [sore], [malam] |
| le soir | waktu sore | [waktu sore] |

| | | |
|---|---|---|
| nuit (f) | **malam** | [malam] |
| la nuit | **pada malam hari** | [pada malam hari] |
| minuit (f) | **tengah malam** | [teŋah malam] |
| | | |
| seconde (f) | **detik** | [deti'] |
| minute (f) | **menit** | [menit] |
| heure (f) | **jam** | [dʒˈam] |
| demi-heure (f) | **setengah jam** | [seteŋah dʒˈam] |
| un quart d'heure | **seperempat jam** | [seperempat dʒˈam] |
| quinze minutes | **lima belas menit** | [lima belas menit] |
| vingt-quatre heures | **siang-malam** | [siaŋ-malam] |
| | | |
| lever (m) du soleil | **matahari terbit** | [matahari tərbit] |
| aube (f) | **subuh** | [subuh] |
| point (m) du jour | **dini pagi** | [dini pagi] |
| coucher (m) du soleil | **matahari terbenam** | [matahari tərbenam] |
| | | |
| tôt le matin | **pagi-pagi** | [pagi-pagi] |
| ce matin | **pagi ini** | [pagi ini] |
| demain matin | **besok pagi** | [beso' pagi] |
| | | |
| cet après-midi | **sore ini** | [sore ini] |
| dans l'après-midi | **pada sore hari** | [pada sore hari] |
| demain après-midi | **besok sore** | [beso' sore] |
| | | |
| ce soir | **sore ini** | [sore ini] |
| demain soir | **besok malam** | [beso' malam] |
| | | |
| à 3 heures précises | **pukul 3 tepat** | [pukul tiga tepat] |
| autour de 4 heures | **sekitar pukul 4** | [sɜkitar pukul ompat] |
| vers midi | **pada pukul 12** | [pada pukul belas] |
| | | |
| dans 20 minutes | **dalam 20 menit** | [dalam dua puluh menit] |
| dans une heure | **dalam satu jam** | [dalam satu dʒˈam] |
| à temps | **tepat waktu** | [tepat waktu] |
| | | |
| moins le quart | **... kurang seperempat** | [... kuraŋ seperempat] |
| en une heure | **selama sejam** | [selama sedʒˈam] |
| tous les quarts d'heure | **tiap 15 menit** | [tiap lima belas menit] |
| 24 heures sur 24 | **siang-malam** | [siaŋ-malam] |

## 19. Les mois. Les saisons

| | | |
|---|---|---|
| janvier (m) | **Januari** | [dʒˈanuari] |
| février (m) | **Februari** | [februari] |
| mars (m) | **Maret** | [maret] |
| avril (m) | **April** | [april] |
| mai (m) | **Mei** | [mei] |
| juin (m) | **Juni** | [dʒˈuni] |
| | | |
| juillet (m) | **Juli** | [dʒˈuli] |
| août (m) | **Augustus** | [augustus] |
| septembre (m) | **September** | [september] |
| octobre (m) | **Oktober** | [oktober] |

| | | |
|---|---|---|
| novembre (m) | November | [november] |
| décembre (m) | Desember | [desember] |
| | | |
| printemps (m) | musim semi | [musim semi] |
| au printemps | pada musim semi | [pada musim semi] |
| de printemps (adj) | musim semi | [musim semi] |
| | | |
| été (m) | musim panas | [musim panas] |
| en été | pada musim panas | [pada musim panas] |
| d'été (adj) | musim panas | [musim panas] |
| | | |
| automne (m) | musim gugur | [musim gugur] |
| en automne | pada musim gugur | [pada musim gugur] |
| d'automne (adj) | musim gugur | [musim gugur] |
| | | |
| hiver (m) | musim dingin | [musim diŋin] |
| en hiver | pada musim dingin | [pada musim diŋin] |
| d'hiver (adj) | musim dingin | [musim diŋin] |
| | | |
| mois (m) | bulan | [bulan] |
| ce mois | bulan ini | [bulan ini] |
| le mois prochain | bulan depan | [bulan depan] |
| le mois dernier | bulan lalu | [bulan lalu] |
| | | |
| il y a un mois | sebulan lalu | [sebulan lalu] |
| dans un mois | dalam satu bulan | [dalam satu bulan] |
| dans 2 mois | dalam 2 bulan | [dalam dua bulan] |
| tout le mois | sepanjang bulan | [sepandʒ¦aŋ bulan] |
| tout un mois | sebulan penuh | [sebulan penuh] |
| | | |
| mensuel (adj) | bulanan | [bulanan] |
| mensuellement | tiap bulan | [tiap bulan] |
| chaque mois | tiap bulan | [tiap bulan] |
| 2 fois par mois | dua kali sebulan | [dua kali sebulan] |
| | | |
| année (f) | tahun | [tahun] |
| cette année | tahun ini | [tahun ini] |
| l'année prochaine | tahun depan | [tahun depan] |
| l'année dernière | tahun lalu | [tahun lalu] |
| | | |
| il y a un an | setahun lalu | [setahun lalu] |
| dans un an | dalam satu tahun | [dalam satu tahun] |
| dans 2 ans | dalam 2 tahun | [dalam dua tahun] |
| toute l'année | sepanjang tahun | [sepandʒ¦aŋ tahun] |
| toute une année | setahun penuh | [setahun penuh] |
| | | |
| chaque année | tiap tahun | [tiap tahun] |
| annuel (adj) | tahunan | [tahunan] |
| annuellement | tiap tahun | [tiap tahun] |
| 4 fois par an | empat kali setahun | [empat kali setahun] |
| | | |
| date (f) (jour du mois) | tanggal | [taŋgal] |
| date (f) (~ mémorable) | tanggal | [taŋgal] |
| calendrier (m) | kalender | [kalender] |
| six mois | setengah tahun | [seteŋah tahun] |
| semestre (m) | enam bulan | [enam bulan] |

| | | |
|---|---|---|
| saison (f) | **musim** | [musim] |
| siècle (m) | **abad** | [abad] |

# LES VOYAGES. L'HÔTEL

## 20. Les voyages. Les excursions

| | | |
|---|---|---|
| tourisme (m) | pariwisata | [pariwisata] |
| touriste (m) | turis, wisatawan | [turis], [wisatawan] |
| voyage (m) (à l'étranger) | pengembaraan | [peŋembara'an] |
| aventure (f) | petualangan | [petualaŋan] |
| voyage (m) | perjalanan, lawatan | [pərdʒ'alanan], [lawatan] |
| | | |
| vacances (f pl) | liburan | [liburan] |
| être en vacances | berlibur | [bərlibur] |
| repos (m) (jours de ~) | istirahat | [istirahat] |
| | | |
| train (m) | kereta api | [kereta api] |
| en train | naik kereta api | [nai' kereta api] |
| avion (m) | pesawat terbang | [pesawat tərbaŋ] |
| en avion | naik pesawat terbang | [nai' pesawat tərbaŋ] |
| en voiture | naik mobil | [nai' mobil] |
| en bateau | naik kapal | [nai' kapal] |
| | | |
| bagage (m) | bagasi | [bagasi] |
| malle (f) | koper | [koper] |
| chariot (m) | troli bagasi | [troli bagasi] |
| | | |
| passeport (m) | paspor | [paspor] |
| visa (m) | visa | [visa] |
| ticket (m) | tiket | [tiket] |
| billet (m) d'avion | tiket pesawat terbang | [tiket pesawat tərbaŋ] |
| | | |
| guide (m) (livre) | buku pedoman | [buku pedoman] |
| carte (f) | peta | [peta] |
| région (f) (~ rurale) | kawasan | [kawasan] |
| endroit (m) | tempat | [tempat] |
| | | |
| exotisme (m) | keeksotisan | [keeksotisan] |
| exotique (adj) | eksotis | [eksotis] |
| étonnant (adj) | menakjubkan | [mənakdʒ'ubkan] |
| | | |
| groupe (m) | kelompok | [kelompo'] |
| excursion (f) | ekskursi | [ekskursi] |
| guide (m) (personne) | pemandu wisata | [pemandu wisata] |

## 21. L'hôtel

| | | |
|---|---|---|
| hôtel (m), auberge (f) | hotel | [hotel] |
| motel (m) | motel | [motel] |
| 3 étoiles | bintang tiga | [bintaŋ tiga] |

| 5 étoiles | bintang lima | [bintaŋ lima] |
| descendre (à l'hôtel) | menginap | [məɲinap] |
| | | |
| chambre (f) | kamar | [kamar] |
| chambre (f) simple | kamar tunggal | [kamar tuŋgal] |
| chambre (f) double | kamar ganda | [kamar ganda] |
| réserver une chambre | memesan kamar | [memesan kamar] |
| | | |
| demi-pension (f) | sewa setengah | [sewa seteɲah] |
| pension (f) complète | sewa penuh | [sewa penuh] |
| | | |
| avec une salle de bain | dengan kamar mandi | [deŋan kamar mandi] |
| avec une douche | dengan pancuran | [deŋan pantʃuran] |
| télévision (f) par satellite | televisi satelit | [televisi satelit] |
| climatiseur (m) | penyejuk udara | [penjedʒuʔ udara] |
| serviette (f) | handuk | [handuʔ] |
| clé (f) | kunci | [kuntʃi] |
| | | |
| administrateur (m) | administrator | [administrator] |
| femme (f) de chambre | pelayan kamar | [pelajan kamar] |
| porteur (m) | porter | [porter] |
| portier (m) | pramupintu | [pramupintu] |
| | | |
| restaurant (m) | restoran | [restoran] |
| bar (m) | bar | [bar] |
| petit déjeuner (m) | makan pagi, sarapan | [makan pagi], [sarapan] |
| dîner (m) | makan malam | [makan malam] |
| buffet (m) | prasmanan | [prasmanan] |
| | | |
| hall (m) | lobi | [lʊbi] |
| ascenseur (m) | elevator | [elevator] |
| | | |
| PRIÈRE DE NE PAS DÉRANGER | JANGAN MENGGANGGU | [dʒaŋan məŋgaŋgu] |
| DÉFENSE DE FUMER | DILARANG MEROKOK! | [dilaraŋ merokoʔ!] |

## 22. Le tourisme

| monument (m) | monumen, patung | [monumen], [patuŋ] |
| forteresse (f) | benteng | [benteŋ] |
| palais (m) | istana | [istana] |
| château (m) | kastil | [kastil] |
| tour (f) | menara | [mənara] |
| mausolée (m) | mausoleum | [mausoleum] |
| | | |
| architecture (f) | arsitektur | [arsitektur] |
| médiéval (adj) | abad pertengahan | [abad pərteɲahan] |
| ancien (adj) | kuno | [kuno] |
| national (adj) | nasional | [nasional] |
| connu (adj) | terkenal | [tərkenal] |
| | | |
| touriste (m) | turis, wisatawan | [turis], [wisatawan] |
| guide (m) (personne) | pemandu wisata | [pemandu wisata] |
| excursion (f) | ekskursi | [ekskursi] |

| montrer (vt) | menunjukkan | [mənundʒ<sup>i</sup>u<sup>ʔ</sup>kan] |
| raconter (une histoire) | menceritakan | [məntʃeritakan] |

| trouver (vt) | mendapatkan | [məndapatkan] |
| se perdre (vp) | tersesat | [tərsesat] |
| plan (m) (du metro, etc.) | denah | [denah] |
| carte (f) (de la ville, etc.) | peta | [peta] |

| souvenir (m) | suvenir | [suvenir] |
| boutique (f) de souvenirs | toko suvenir | [toko suvenir] |
| prendre en photo | memotret | [memotret] |
| se faire prendre en photo | berfoto | [bərfoto] |

# LES TRANSPORTS

## 23. L'aéroport

| | | |
|---|---|---|
| aéroport (m) | bandara | [bandara] |
| avion (m) | pesawat terbang | [pesawat tərbaŋ] |
| compagnie (f) aérienne | maskapai penerbangan | [maskapaj penerbaŋan] |
| contrôleur (m) aérien | pengawas lalu lintas udara | [peŋawas lalu lintas udara] |
| | | |
| départ (m) | keberangkatan | [keberaŋkatan] |
| arrivée (f) | kedatangan | [kedataŋan] |
| arriver (par avion) | datang | [dataŋ] |
| | | |
| temps (m) de départ | waktu keberangkatan | [waktu keberaŋkatan] |
| temps (m) d'arrivée | waktu kedatangan | [waktu kedataŋan] |
| | | |
| être retardé | terlambat | [tərlambat] |
| retard (m) de l'avion | penundaan penerbangan | [penunda'an penerbaŋan] |
| | | |
| tableau (m) d'informations | papan informasi | [papan informasi] |
| information (f) | informasi | [informasi] |
| annoncer (vt) | mengumumkan | [məŋumumkan] |
| vol (m) | penerbangan | [penerbaŋan] |
| | | |
| douane (f) | pabean | [pabean] |
| douanier (m) | petugas pabean | [petugas pabean] |
| | | |
| déclaration (f) de douane | pernyataan pabean | [pərnjata'an pabean] |
| remplir (vt) | mengisi | [məŋisi] |
| remplir la déclaration | mengisi formulir bea cukai | [məŋisi formulir bea tʃukaj] |
| contrôle (m) de passeport | pemeriksaan paspor | [nəmeriksa'an paspor] |
| | | |
| bagage (m) | bagasi | [bagasi] |
| bagage (m) à main | jinjingan | [dʒindʒiŋan] |
| chariot (m) | troli bagasi | [troli bagasi] |
| | | |
| atterrissage (m) | pendaratan | [pendaratan] |
| piste (f) d'atterrissage | jalur pendaratan | [dʒʲalur pendaratan] |
| atterrir (vi) | mendarat | [məndarat] |
| escalier (m) d'avion | tangga pesawat | [taŋga pesawat] |
| | | |
| enregistrement (m) | check-in | [tʃekin] |
| comptoir (m) d'enregistrement | meja check-in | [medʒʲa tʃekin] |
| s'enregistrer (vp) | check-in | [tʃekin] |
| carte (f) d'embarquement | kartu pas | [kartu pas] |
| porte (f) d'embarquement | gerbang keberangkatan | [gerbaŋ keberaŋkatan] |
| | | |
| transit (m) | transit | [transit] |
| attendre (vt) | menunggu | [mənuŋgu] |
| salle (f) d'attente | ruang tunggu | [ruaŋ tuŋgu] |

| raccompagner (à l'aéroport, etc.) | mengantar | [məŋantar] |
| dire au revoir | berpamitan | [bərpamitan] |

## 24. L'avion

| avion (m) | pesawat terbang | [pesawat tərbaŋ] |
| billet (m) d'avion | tiket pesawat terbang | [tiket pesawat tərbaŋ] |
| compagnie (f) aérienne | maskapai penerbangan | [maskapaj penerbaŋan] |
| aéroport (m) | bandara | [bandara] |
| supersonique (adj) | supersonik | [supersoniʔ] |

| commandant (m) de bord | kapten | [kapten] |
| équipage (m) | awak | [awaʔ] |
| pilote (m) | pilot | [pilot] |
| hôtesse (f) de l'air | pramugari | [pramugari] |
| navigateur (m) | navigator, penavigasi | [navigator], [penavigasi] |

| ailes (f pl) | sayap | [sajap] |
| queue (f) | ekor | [ekor] |
| cabine (f) | kokpit | [kokpit] |
| moteur (m) | mesin | [mesin] |

| train (m) d'atterrissage | roda pendarat | [roda pendarat] |
| turbine (f) | turbin | [turbin] |

| hélice (f) | baling-baling | [baliŋ-baliŋ] |
| boîte (f) noire | kotak hitam | [kotaʔ hitam] |

| gouvernail (m) | kemudi | [kemudi] |
| carburant (m) | bahan bakar | [bahan bakar] |

| consigne (f) de sécurité | instruksi keselamatan | [instruksi keselamatan] |
| masque (m) à oxygène | masker oksigen | [masker oksigen] |
| uniforme (m) | seragam | [seragam] |

| gilet (m) de sauvetage | jaket pelampung | [dʒˈaket pelampuŋ] |
| parachute (m) | parasut | [parasut] |

| décollage (m) | lepas landas | [lepas landas] |
| décoller (vi) | bertolak | [bertolaʔ] |
| piste (f) de décollage | jalur lepas landas | [dʒˈalur lepas landas] |

| visibilité (f) | visibilitas, pandangan | [visibilitas], [pandaŋan] |
| vol (m) (~ d'oiseau) | penerbangan | [penerbaŋan] |

| altitude (f) | ketinggian | [ketiŋgian] |
| trou (m) d'air | lubang udara | [lubaŋ udara] |

| place (f) | tempat duduk | [tempat duduʔ] |
| écouteurs (m pl) | headphone, fonkepala | [headphone], [fonkepala] |
| tablette (f) | meja lipat | [medʒˈa lipat] |
| hublot (m) | jendela pesawat | [dʒˈendela pesawat] |
| couloir (m) | lorong | [loroŋ] |

## 25. Le train

| | | |
|---|---|---|
| train (m) | kereta api | [kereta api] |
| train (m) de banlieue | kereta api listrik | [kereta api listri'] |
| TGV (m) | kereta api cepat | [kereta api ʧepat] |
| locomotive (f) diesel | lokomotif diesel | [lokomotif disel] |
| locomotive (f) à vapeur | lokomotif uap | [lokomotif uap] |
| | | |
| wagon (m) | gerbong penumpang | [gerboŋ penumpaŋ] |
| wagon-restaurant (m) | gerbong makan | [gerboŋ makan] |
| | | |
| rails (m pl) | rel | [rel] |
| chemin (m) de fer | rel kereta api | [rel kereta api] |
| traverse (f) | bantalan rel | [bantalan rel] |
| | | |
| quai (m) | platform | [platform] |
| voie (f) | jalur | [dʒ'alur] |
| sémaphore (m) | semafor | [semafor] |
| station (f) | stasiun | [stasiun] |
| | | |
| conducteur (m) de train | masinis | [masinis] |
| porteur (m) | porter | [porter] |
| steward (m) | kondektur | [kondektur] |
| passager (m) | penumpang | [penumpaŋ] |
| contrôleur (m) de billets | kondektur | [kondektur] |
| | | |
| couloir (m) | koridor | [koridor] |
| frein (m) d'urgence | rem darurat | [rem darurat] |
| | | |
| compartiment (m) | kabin | [kabin] |
| couchette (f) | bangku | [baŋku] |
| couchette (f) d'en haut | bangku atas | [baŋku atas] |
| couchette (f) d'en bas | bangku bawah | [baŋku bawah] |
| linge (m) de lit | kain kasur | [kain kasur] |
| | | |
| ticket (m) | tiket | [tiket] |
| horaire (m) | jadwal | [dʒ'adwal] |
| tableau (m) d'informations | layar informasi | [lajar informasi] |
| | | |
| partir (vi) | berangkat | [beraŋkat] |
| départ (m) (du train) | keberangkatan | [keberaŋkatan] |
| arriver (le train) | datang | [dataŋ] |
| arrivée (f) | kedatangan | [kedataŋan] |
| | | |
| arriver en train | datang naik kereta api | [dataŋ naj' kereta api] |
| prendre le train | naik ke kereta | [nai' ke kereta] |
| descendre du train | turun dari kereta | [turun dari kereta] |
| | | |
| accident (m) ferroviaire | kecelakaan kereta | [ketʃelaka'an kereta] |
| dérailler (vi) | keluar rel | [keluar rel] |
| | | |
| locomotive (f) à vapeur | lokomotif uap | [lokomotif uap] |
| chauffeur (m) | juru api | [dʒ'uru api] |
| chauffe (f) | tungku | [tuŋku] |
| charbon (m) | batu bara | [batu bara] |

33

## 26. Le bateau

| bateau (m) | kapal | [kapal] |
| navire (m) | kapal | [kapal] |

| bateau (m) à vapeur | kapal uap | [kapal uap] |
| paquebot (m) | kapal api | [kapal api] |
| bateau (m) de croisière | kapal laut | [kapal laut] |
| croiseur (m) | kapal penjelajah | [kapal pendʒ'eladʒ'ah] |

| yacht (m) | perahu pesiar | [pərahu pesiar] |
| remorqueur (m) | kapal tunda | [kapal tunda] |
| péniche (f) | tongkang | [toŋkaŋ] |
| ferry (m) | feri | [feri] |

| voilier (m) | kapal layar | [kapal lajar] |
| brigantin (m) | kapal brigantin | [kapal brigantin] |

| brise-glace (m) | kapal pemecah es | [kapal pemetʃah es] |
| sous-marin (m) | kapal selam | [kapal selam] |

| canot (m) à rames | perahu | [pərahu] |
| dinghy (m) | sekoci | [sekotʃi] |
| canot (m) de sauvetage | sekoci penyelamat | [sekotʃi penjelamat] |
| canot (m) à moteur | perahu motor | [pərahu motor] |

| capitaine (m) | kapten | [kapten] |
| matelot (m) | kelasi | [kelasi] |
| marin (m) | pelaut | [pelaut] |
| équipage (m) | awak | [awa'] |

| maître (m) d'équipage | bosman, bosun | [bosman], [bosun] |
| mousse (m) | kadet laut | [kadet laut] |
| cuisinier (m) du bord | koki | [koki] |
| médecin (m) de bord | dokter kapal | [dokter kapal] |

| pont (m) | dek | [de'] |
| mât (m) | tiang | [tiaŋ] |
| voile (f) | layar | [lajar] |

| cale (f) | lambung kapal | [lambuŋ kapal] |
| proue (f) | haluan | [haluan] |
| poupe (f) | buritan | [buritan] |
| rame (f) | dayung | [dajuŋ] |
| hélice (f) | baling-baling | [baliŋ-baliŋ] |

| cabine (f) | kabin | [kabin] |
| carré (m) des officiers | ruang rekreasi | [ruaŋ rekreasi] |
| salle (f) des machines | ruang mesin | [ruaŋ mesin] |
| passerelle (f) | anjungan kapal | [andʒ'uŋan kapal] |
| cabine (f) de T.S.F. | ruang radio | [ruaŋ radio] |
| onde (f) | gelombang radio | [gelombaŋ radio] |
| journal (m) de bord | buku harian kapal | [buku harian kapal] |
| longue-vue (f) | teropong | [təropoŋ] |
| cloche (f) | lonceng | [lontʃeŋ] |

| | | |
|---|---|---|
| pavillon (m) | **bendera** | [bendera] |
| grosse corde (f) tressée | **tali** | [tali] |
| nœud (m) marin | **simpul** | [simpul] |
| | | |
| rampe (f) | **pegangan** | [peganan] |
| passerelle (f) | **tangga kapal** | [tanga kapal] |
| | | |
| ancre (f) | **jangkar** | [dʒʲaŋkar] |
| lever l'ancre | **mengangkat jangkar** | [menaŋkat dʒʲaŋkar] |
| jeter l'ancre | **menjatuhkan jangkar** | [mendʒʲatuhkan dʒʲaŋkar] |
| chaîne (f) d'ancrage | **rantai jangkar** | [rantaj dʒʲaŋkar] |
| | | |
| port (m) | **pelabuhan** | [pelabuhan] |
| embarcadère (m) | **dermaga** | [dermaga] |
| accoster (vi) | **merapat** | [merapat] |
| larguer les amarres | **bertolak** | [bərtolaʔ] |
| | | |
| voyage (m) (à l'étranger) | **pengembaraan** | [penembaraʔan] |
| croisière (f) | **pesiar** | [pesiar] |
| cap (m) (suivre un ~) | **haluan** | [haluan] |
| itinéraire (m) | **rute** | [rute] |
| | | |
| bas-fond (m) | **beting** | [betiŋ] |
| échouer sur un bas-fond | **kandas** | [kandas] |
| | | |
| tempête (f) | **badai** | [badaj] |
| signal (m) | **sinyal** | [sinjal] |
| sombrer (vi) | **tenggelam** | [teŋgelam] |
| Un homme à la mer! | **Orang hanyut!** | [oraŋ hanyut!] |
| SOS (m) | **SOS** | [es-o-es] |
| bouée (f) de sauvetage | **pelampung penyelamat** | [pelampuŋ penjelamat] |

# LA VILLE

## 27. Les transports en commun

| | | |
|---|---|---|
| autobus (m) | bus | [bus] |
| tramway (m) | trem | [trem] |
| trolleybus (m) | bus listrik | [bus listri'] |
| itinéraire (m) | trayek | [trae'] |
| numéro (m) | nomor | [nomor] |
| | | |
| prendre ... | naik ... | [nai' ...] |
| monter (dans l'autobus) | naik | [nai'] |
| descendre de ... | turun ... | [turun ...] |
| | | |
| arrêt (m) | halte, pemberhentian | [halte], [pemberhentian] |
| arrêt (m) prochain | halte berikutnya | [halte bərikutnja] |
| terminus (m) | halte terakhir | [halte tərahir] |
| horaire (m) | jadwal | [dʒˈadwal] |
| attendre (vt) | menunggu | [mənuŋgu] |
| | | |
| ticket (m) | tiket | [tiket] |
| prix (m) du ticket | harga karcis | [harga kartʃis] |
| caissier (m) | kasir | [kasir] |
| contrôle (m) des tickets | pemeriksaan tiket | [pemeriksa'an tiket] |
| contrôleur (m) | kondektur | [kondektur] |
| | | |
| être en retard | terlambat ... | [tərlambat ...] |
| rater (~ le train) | ketinggalan | [ketiŋgalan] |
| se dépêcher | tergesa-gesa | [tərgesa-gesa] |
| | | |
| taxi (m) | taksi | [taksi] |
| chauffeur (m) de taxi | sopir taksi | [sopir taksi] |
| en taxi | naik taksi | [nai' taksi] |
| arrêt (m) de taxi | pangkalan taksi | [paŋkalan taksi] |
| appeler un taxi | memanggil taksi | [memaŋgil taksi] |
| prendre un taxi | menaiki taksi | [mənajki taksi] |
| | | |
| trafic (m) | lalu lintas | [lalu lintas] |
| embouteillage (m) | kemacetan lalu lintas | [kematʃetan lalu lintas] |
| heures (f pl) de pointe | jam sibuk | [dʒˈam sibu'] |
| se garer (vp) | parkir | [parkir] |
| garer (vt) | memarkir | [memarkir] |
| parking (m) | tempat parkir | [tempat parkir] |
| | | |
| métro (m) | kereta api bawah tanah | [kereta api bawah tanah] |
| station (f) | stasiun | [stasiun] |
| prendre le métro | naik kereta api bawah tanah | [nai' kereta api bawah tanah] |
| train (m) | kereta api | [kereta api] |
| gare (f) | stasiun kereta api | [stasiun kereta api] |

## 28. La ville. La vie urbaine

| | | |
|---|---|---|
| ville (f) | kota | [kota] |
| capitale (f) | ibu kota | [ibu kota] |
| village (m) | desa | [desa] |
| | | |
| plan (m) de la ville | peta kota | [peta kota] |
| centre-ville (m) | pusat kota | [pusat kota] |
| banlieue (f) | pinggir kota | [piŋgir kota] |
| de banlieue (adj) | pinggir kota | [piŋgir kota] |
| | | |
| périphérie (f) | pinggir | [piŋgir] |
| alentours (m pl) | daerah sekitarnya | [daerah sekitarnja] |
| quartier (m) | blok | [blo²] |
| quartier (m) résidentiel | blok perumahan | [blo² pərumahan] |
| | | |
| trafic (m) | lalu lintas | [lalu lintas] |
| feux (m pl) de circulation | lampu lalu lintas | [lampu lalu lintas] |
| transport (m) urbain | angkot | [aŋkot] |
| carrefour (m) | persimpangan | [pərsimpaŋan] |
| | | |
| passage (m) piéton | penyeberangan | [penjebəraŋan] |
| passage (m) souterrain | terowongan penyeberangan | [terowoŋan penjebəraŋan] |
| traverser (vt) | menyeberang | [mənjebəraŋ] |
| piéton (m) | pejalan kaki | [pedʒ'alan kaki] |
| trottoir (m) | trotoar | [trotoar] |
| | | |
| pont (m) | jembatan | [dʒ'embatan] |
| quai (m) | tepi sungai | [tepi suŋaj] |
| fontaine (f) | air mancur | [air mantʃur] |
| | | |
| allée (f) | jalan kecil | [dʒ'alan ketʃil] |
| parc (m) | taman | [taman] |
| boulevard (m) | bulevar, adimarga | [bulevar], [adimarga] |
| place (f) | lapangan | [lapaŋan] |
| avenue (f) | jalan raya | [dʒ'alan raja] |
| rue (f) | jalan | [dʒ'alan] |
| ruelle (f) | gang | [gaŋ] |
| impasse (f) | jalan buntu | [dʒ'alan buntu] |
| | | |
| maison (f) | rumah | [rumah] |
| édifice (m) | gedung | [geduŋ] |
| gratte-ciel (m) | pencakar langit | [pentʃakar laŋit] |
| | | |
| façade (f) | bagian depan | [bagian depan] |
| toit (m) | atap | [atap] |
| fenêtre (f) | jendela | [dʒ'endela] |
| arc (m) | lengkungan | [leŋkuŋan] |
| colonne (f) | pilar | [pilar] |
| coin (m) | sudut | [sudut] |
| | | |
| vitrine (f) | etalase | [etalase] |
| enseigne (f) | papan nama | [papan nama] |
| affiche (f) | poster | [poster] |

| affiche (f) publicitaire | poster iklan | [poster iklan] |
| panneau-réclame (m) | papan iklan | [papan iklan] |

| ordures (f pl) | sampah | [sampah] |
| poubelle (f) | tong sampah | [toŋ sampah] |
| jeter à terre | menyampah | [mənjampah] |
| décharge (f) | tempat pemrosesan akhir (TPA) | [tempat pemrosesan ahir] |

| cabine (f) téléphonique | gardu telepon umum | [gardu telepon umum] |
| réverbère (m) | tiang lampu | [tiaŋ lampu] |
| banc (m) | bangku | [baŋku] |

| policier (m) | polisi | [polisi] |
| police (f) | polisi, kepolisian | [polisi], [kepolisian] |
| clochard (m) | pengemis | [peŋemis] |
| sans-abri (m) | tuna wisma | [tuna wisma] |

## 29. Les institutions urbaines

| magasin (m) | toko | [toko] |
| pharmacie (f) | apotek, toko obat | [apotek], [toko obat] |
| opticien (m) | optik | [opti²] |
| centre (m) commercial | toserba | [toserba] |
| supermarché (m) | pasar swalayan | [pasar swalajan] |

| boulangerie (f) | toko roti | [toko roti] |
| boulanger (m) | pembuat roti | [pembuat roti] |
| pâtisserie (f) | toko kue | [toko kue] |
| épicerie (f) | toko pangan | [toko paŋan] |
| boucherie (f) | toko daging | [toko dagiŋ] |

| magasin (m) de légumes | toko sayur | [toko sajur] |
| marché (m) | pasar | [pasar] |

| salon (m) de café | warung kopi | [waruŋ kopi] |
| restaurant (m) | restoran | [restoran] |
| brasserie (f) | kedai bir | [kedaj bir] |
| pizzeria (f) | kedai piza | [kedaj piza] |

| salon (m) de coiffure | salon rambut | [salon rambut] |
| poste (f) | kantor pos | [kantor pos] |
| pressing (m) | penatu kimia | [penatu kimia] |
| atelier (m) de photo | studio foto | [studio foto] |

| magasin (m) de chaussures | toko sepatu | [toko sepatu] |
| librairie (f) | toko buku | [toko buku] |
| magasin (m) d'articles de sport | toko alat olahraga | [toko alat olahraga] |

| atelier (m) de retouche | reparasi pakaian | [reparasi pakajan] |
| location (f) de vêtements | rental pakaian | [rental pakajan] |
| location (f) de films | rental film | [rental film] |
| cirque (m) | sirkus | [sirkus] |
| zoo (m) | kebun binatang | [kebun binataŋ] |

| | | |
|---|---|---|
| cinéma (m) | bioskop | [bioskop] |
| musée (m) | museum | [museum] |
| bibliothèque (f) | perpustakaan | [pərpustaka?an] |
| | | |
| théâtre (m) | teater | [teater] |
| opéra (m) | opera | [opera] |
| boîte (f) de nuit | klub malam | [klub malam] |
| casino (m) | kasino | [kasino] |
| | | |
| mosquée (f) | masjid | [masdʒid] |
| synagogue (f) | sinagoga, kanisah | [sinagoga], [kanisah] |
| cathédrale (f) | katedral | [katedral] |
| temple (m) | kuil, candi | [kuil], [tʃandi] |
| église (f) | gereja | [geredʒa] |
| | | |
| institut (m) | institut, perguruan tinggi | [institut], [pərguruan tiŋgi] |
| université (f) | universitas | [universitas] |
| école (f) | sekolah | [sekolah] |
| | | |
| préfecture (f) | prefektur, distrik | [prefektur], [distri?] |
| mairie (f) | balai kota | [balaj kota] |
| hôtel (m) | hotel | [hotel] |
| banque (f) | bank | [ban?] |
| | | |
| ambassade (f) | kedutaan besar | [keduta?an besar] |
| agence (f) de voyages | kantor pariwisata | [kantor pariwisata] |
| bureau (m) d'information | kantor penerangan | [kantor peneraŋan] |
| bureau (m) de change | kantor penukaran uang | [kantor penukaran uaŋ] |
| | | |
| métro (m) | kereta api bawah tanah | [kereta api bawah tanah] |
| hôpital (m) | rumah sakit | [rumah sakit] |
| | | |
| station-service (f) | SPBU, stasiun bensin | [es-pe-be-u], [stasjun bensin] |
| parking (m) | tempat parkir | [tempat parkir] |

## 30. Les enseignes. Les panneaux

| | | |
|---|---|---|
| enseigne (f) | papan nama | [papan nama] |
| pancarte (f) | tulisan | [tulisan] |
| poster (m) | poster | [poster] |
| indicateur (m) de direction | penunjuk arah | [penundʒ|u? arah] |
| flèche (f) | anak panah | [ana? panah] |
| | | |
| avertissement (m) | peringatan | [periŋatan] |
| panneau d'avertissement | tanda peringatan | [tanda periŋatan] |
| avertir (vt) | memperingatkan | [memperiŋatkan] |
| | | |
| jour (m) de repos | hari libur | [hari libur] |
| horaire (m) | jadwal | [dʒ|adwal] |
| heures (f pl) d'ouverture | jam buka | [dʒ|am buka] |
| | | |
| BIENVENUE! | SELAMAT DATANG! | [selamat dataŋ!] |
| ENTRÉE | MASUK | [masu?] |
| SORTIE | KELUAR | [keluar] |

| POUSSER | DORONG | [doroŋ] |
|---|---|---|
| TIRER | TARIK | [tariˀ] |
| OUVERT | BUKA | [buka] |
| FERMÉ | TUTUP | [tutup] |

| FEMMES | WANITA | [wanita] |
|---|---|---|
| HOMMES | PRIA | [pria] |

| RABAIS | DISKON | [diskon] |
|---|---|---|
| SOLDES | OBRAL | [obral] |
| NOUVEAU! | BARU! | [baru!] |
| GRATUIT | GRATIS | [gratis] |

| ATTENTION! | PERHATIAN! | [pərhatian!] |
|---|---|---|
| COMPLET | PENUH | [penuh] |
| RÉSERVÉ | DIRESERVASI | [direservasi] |

| ADMINISTRATION | ADMINISTRASI | [administrasi] |
|---|---|---|
| RÉSERVÉ AU PERSONNEL | KHUSUS STAF | [husus staf] |

| ATTENTION CHIEN MÉCHANT | AWAS, ANJING GALAK! | [awas], [andʒiŋ galaˀ!] |
|---|---|---|
| DÉFENSE DE FUMER | DILARANG MEROKOK! | [dilaraŋ merokoˀ!] |
| PRIÈRE DE NE PAS TOUCHER | JANGAN SENTUH! | [dʒaŋan sentuh!] |

| DANGEREUX | BERBAHAYA | [bərbahaja] |
|---|---|---|
| DANGER | BAHAYA | [bahaja] |
| HAUTE TENSION | TEGANGAN TINGGI | [tegaŋan tiŋgi] |
| BAIGNADE INTERDITE | DILARANG BERENANG! | [dilaraŋ bərenaŋ!] |
| HORS SERVICE | RUSAK | [rusaˀ] |

| INFLAMMABLE | BAHAN MUDAH TERBAKAR | [bahan mudah tərbakar] |
|---|---|---|
| INTERDIT | DILARANG | [dilaraŋ] |
| PASSAGE INTERDIT | DILARANG MASUK! | [dilaraŋ masuˀ!] |
| PEINTURE FRAÎCHE | AWAS CAT BASAH | [awas tʃat basah] |

## 31. Le shopping

| acheter (vt) | membeli | [membeli] |
|---|---|---|
| achat (m) | belanjaan | [belandʒaˀan] |
| faire des achats | berbelanja | [bərbelandʒa] |
| shopping (m) | berbelanja | [bərbelandʒa] |

| être ouvert | buka | [buka] |
|---|---|---|
| être fermé | tutup | [tutup] |

| chaussures (f pl) | sepatu | [sepatu] |
|---|---|---|
| vêtement (m) | pakaian | [pakaian] |
| produits (m pl) de beauté | kosmetik | [kosmetiˀ] |
| produits (m pl) alimentaires | produk makanan | [produˀ makanan] |
| cadeau (m) | hadiah | [hadiah] |
| vendeur (m) | pramuniaga | [pramuniaga] |

| vendeuse (f) | pramuniaga perempuan | [pramuniaga pərempuan] |
| caisse (f) | kas | [kas] |
| miroir (m) | cermin | [tʃermin] |
| comptoir (m) | konter | [konter] |
| cabine (f) d'essayage | kamar pas | [kamar pas] |

| essayer (robe, etc.) | mengepas | [məŋepas] |
| aller bien (robe, etc.) | pas, cocok | [pas], [tʃotʃo'] |
| plaire (être apprécié) | suka | [suka] |

| prix (m) | harga | [harga] |
| étiquette (f) de prix | label harga | [label harga] |
| coûter (vt) | berharga | [bərharga] |
| Combien? | Berapa? | [bərapa?] |
| rabais (m) | diskon | [diskon] |

| pas cher (adj) | tidak mahal | [tida' mahal] |
| bon marché (adj) | murah | [murah] |
| cher (adj) | mahal | [mahal] |
| C'est cher | Ini mahal | [ini mahal] |

| location (f) | rental, persewaan | [rental], [pərsewa'an] |
| louer (une voiture, etc.) | menyewa | [mənjewa] |
| crédit (m) | kredit | [kredit] |
| à crédit (adv) | secara kredit | [setʃara kredit] |

# LES VÊTEMENTS & LES ACCESSOIRES

## 32. Les vêtements d'extérieur

| | | |
|---|---|---|
| vêtement (m) | pakaian | [pakajan] |
| survêtement (m) | pakaian luar | [pakajan luar] |
| vêtement (m) d'hiver | pakaian musim dingin | [pakajan musim diŋin] |
| manteau (m) | mantel | [mantel] |
| manteau (m) de fourrure | mantel bulu | [mantel bulu] |
| veste (f) de fourrure | jaket bulu | [dʒˈaket bulu] |
| manteau (m) de duvet | jaket bulu halus | [dʒˈaket bulu halus] |
| veste (f) (~ en cuir) | jaket | [dʒˈaket] |
| imperméable (m) | jas hujan | [dʒˈas hudʒˈan] |
| imperméable (adj) | kedap air | [kedap air] |

## 33. Les vêtements

| | | |
|---|---|---|
| chemise (f) | kemeja | [kemedʒˈa] |
| pantalon (m) | celana | [tʃelana] |
| jean (m) | celana jins | [tʃelana dʒins] |
| veston (m) | jas | [dʒˈas] |
| complet (m) | setelan | [setelan] |
| robe (f) | gaun | [gaun] |
| jupe (f) | rok | [roʔ] |
| chemisette (f) | blus | [blus] |
| veste (f) en laine | jaket wol | [dʒˈaket wol] |
| jaquette (f), blazer (m) | jaket | [dʒˈaket] |
| tee-shirt (m) | baju kaus | [badʒˈu kaus] |
| short (m) | celana pendek | [tʃelana pendeʔ] |
| costume (m) de sport | pakaian olahraga | [pakajan olahraga] |
| peignoir (m) de bain | jubah mandi | [dʒˈubah mandi] |
| pyjama (m) | piyama | [piyama] |
| chandail (m) | sweter | [sweter] |
| pull-over (m) | pulover | [pulover] |
| gilet (m) | rompi | [rompi] |
| queue-de-pie (f) | jas berbuntut | [dʒˈas bərbuntut] |
| smoking (m) | jas malam | [dʒˈas malam] |
| uniforme (m) | seragam | [seragam] |
| tenue (f) de travail | pakaian kerja | [pakajan kerdʒˈa] |
| salopette (f) | baju monyet | [badʒˈu monjet] |
| blouse (f) (d'un médecin) | jas | [dʒˈas] |

## 34. Les sous-vêtements

| | | |
|---|---|---|
| sous-vêtements (m pl) | pakaian dalam | [pakajan dalam] |
| boxer (m) | celana dalam lelaki | [tʃelana dalam lelaki] |
| slip (m) de femme | celana dalam wanita | [tʃelana dalam wanita] |
| maillot (m) de corps | singlet | [siŋlet] |
| chaussettes (f pl) | kaus kaki | [kaus kaki] |
| | | |
| chemise (f) de nuit | baju tidur | [badʒiu tidur] |
| soutien-gorge (m) | beha | [beha] |
| chaussettes (f pl) hautes | kaus kaki selutut | [kaus kaki selutut] |
| collants (m pl) | pantihos | [pantihos] |
| bas (m pl) | kaus kaki panjang | [kaus kaki pandʒian] |
| maillot (m) de bain | baju renang | [badʒiu renaŋ] |

## 35. Les chapeaux

| | | |
|---|---|---|
| chapeau (m) | topi | [topi] |
| chapeau (m) feutre | topi bulat | [topi bulat] |
| casquette (f) de base-ball | topi bisbol | [topi bisbol] |
| casquette (f) | topi pet | [topi pet] |
| | | |
| béret (m) | baret | [baret] |
| capuche (f) | kerudung kepala | [keruduŋ kepala] |
| panama (m) | topi panama | [topi panama] |
| bonnet (m) de laine | topi rajut | [topi radʒiut] |
| | | |
| foulard (m) | tudung kepala | [tuduŋ kepala] |
| chapeau (m) de femme | topi wanita | [topi wanita] |
| | | |
| casque (m) (d'ouvriers) | topi baja | [topi badʒia] |
| calot (m) | topi lipat | [topi lipat] |
| casque (m) (~ de moto) | helm | [helm] |
| | | |
| melon (m) | topi bulat | [topi bulat] |
| haut-de-forme (m) | topi tinggi | [topi tiŋgi] |

## 36. Les chaussures

| | | |
|---|---|---|
| chaussures (f pl) | sepatu | [sepatu] |
| bottines (f pl) | sepatu bot | [sepatu bot] |
| souliers (m pl) (~ plats) | sepatu wanita | [sepatu wanita] |
| bottes (f pl) | sepatu lars | [sepatu lars] |
| chaussons (m pl) | pantofel | [pantofel] |
| | | |
| tennis (m pl) | sepatu tenis | [sepatu tenis] |
| baskets (f pl) | sepatu kets | [sepatu kets] |
| sandales (f pl) | sandal | [sandal] |
| | | |
| cordonnier (m) | tukang sepatu | [tukaŋ sepatu] |
| talon (m) | tumit | [tumit] |

| paire (f) | sepasang | [sepasaŋ] |
| lacet (m) | tali sepatu | [tali sepatu] |
| lacer (vt) | mengikat tali | [meŋikat tali] |
| chausse-pied (m) | sendok sepatu | [sendo' sepatu] |
| cirage (m) | semir sepatu | [semir sepatu] |

## 37. Les accessoires personnels

| gants (m pl) | sarung tangan | [saruŋ taŋan] |
| moufles (f pl) | sarung tangan | [saruŋ taŋan] |
| écharpe (f) | selendang | [selendaŋ] |

| lunettes (f pl) | kacamata | [katʃamata] |
| monture (f) | bingkai | [biŋkaj] |
| parapluie (m) | payung | [pajuŋ] |
| canne (f) | tongkat jalan | [toŋkat dʒʲalan] |
| brosse (f) à cheveux | sikat rambut | [sikat rambut] |
| éventail (m) | kipas | [kipas] |

| cravate (f) | dasi | [dasi] |
| nœud papillon (m) | dasi kupu-kupu | [dasi kupu-kupu] |
| bretelles (f pl) | bretel | [bretel] |
| mouchoir (m) | sapu tangan | [sapu taŋan] |

| peigne (m) | sisir | [sisir] |
| barrette (f) | jepit rambut | [dʒʲepit rambut] |
| épingle (f) à cheveux | harnal | [harnal] |
| boucle (f) | gesper | [gesper] |

| ceinture (f) | sabuk | [sabu'] |
| bandoulière (f) | tali tas | [tali tas] |

| sac (m) | tas | [tas] |
| sac (m) à main | tas tangan | [tas taŋan] |
| sac (m) à dos | ransel | [ransel] |

## 38. Les vêtements. Divers

| mode (f) | mode | [mode] |
| à la mode (adj) | modis | [modis] |
| couturier, créateur de mode | perancang busana | [perantʃaŋ busana] |

| col (m) | kerah | [kerah] |
| poche (f) | saku | [saku] |
| de poche (adj) | saku | [saku] |
| manche (f) | lengan | [leŋan] |
| bride (f) | tali kait | [tali kait] |
| braguette (f) | golbi | [golbi] |

| fermeture (f) à glissière | ritsleting | [ritsletiŋ] |
| agrafe (f) | kancing | [kantʃiŋ] |
| bouton (m) | kancing | [kantʃiŋ] |

| boutonnière (f) | lubang kancing | [luban kantʃin] |
| s'arracher (bouton) | terlepas | [tərlepas] |

| coudre (vi, vt) | menjahit | [məndʒ'ahit] |
| broder (vt) | membordir | [membordir] |
| broderie (f) | bordiran | [bordiran] |
| aiguille (f) | jarum | [dʒ'arum] |
| fil (m) | benang | [benan] |
| couture (f) | setik | [seti'] |

| se salir (vp) | kena kotor | [kena kotor] |
| tache (f) | bercak | [bertʃa'] |
| se froisser (vp) | kumal | [kumal] |
| déchirer (vt) | merobek | [merobe'] |
| mite (f) | ngengat | [ŋeŋat] |

## 39. L'hygiène corporelle. Les cosmétiques

| dentifrice (m) | pasta gigi | [pasta gigi] |
| brosse (f) à dents | sikat gigi | [sikat gigi] |
| se brosser les dents | menggosok gigi | [məŋgoso' gigi] |

| rasoir (m) | pisau cukur | [pisau tʃukur] |
| crème (f) à raser | krim cukur | [krim tʃukur] |
| se raser (vp) | bercukur | [bərtʃukur] |

| savon (m) | sabun | [sabun] |
| shampooing (m) | sampo | [sampo] |

| ciseaux (m pl) | gunting | [guntiŋ] |
| lime (f) à ongles | kikir kuku | [kikir kuku] |
| pinces (f pl) à ongles | pemotong kuku | [pemotoŋ kuku] |
| pince (f) à épiler | pinset | [pinset] |

| produits (m pl) de beauté | kosmetik | [kosmeti'] |
| masque (m) de beauté | masker | [masker] |
| manucure (f) | manikur | [manikur] |
| se faire les ongles | melakukan manikur | [melakukan manikur] |
| pédicurie (f) | pedi | [pedi] |

| trousse (f) de toilette | tas kosmetik | [tas kosmeti'] |
| poudre (f) | bedak | [beda'] |
| poudrier (m) | kotak bedak | [kota' beda'] |
| fard (m) à joues | perona pipi | [pərona pipi] |

| parfum (m) | parfum | [parfum] |
| eau (f) de toilette | minyak wangi | [minja' waŋi] |
| lotion (f) | losion | [losjon] |
| eau de Cologne (f) | kolonye | [kolone] |

| fard (m) à paupières | pewarna mata | [pewarna mata] |
| crayon (m) à paupières | pensil alis | [pensil alis] |
| mascara (m) | celak | [tʃela'] |
| rouge (m) à lèvres | lipstik | [lipsti'] |

| vernis (m) à ongles | kuteks, cat kuku | [kuteks], [ʧat kuku] |
| laque (f) pour les cheveux | semprotan rambut | [semprotan rambut] |
| déodorant (m) | deodoran | [deodoran] |
| | | |
| crème (f) | krim | [krim] |
| crème (f) pour le visage | krim wajah | [krim wadʒʲah] |
| crème (f) pour les mains | krim tangan | [krim taŋan] |
| crème (f) anti-rides | krim antikerut | [krim antikerut] |
| crème (f) de jour | krim siang | [krim siaŋ] |
| crème (f) de nuit | krim malam | [krim malam] |
| de jour (adj) | siang | [siaŋ] |
| de nuit (adj) | malam | [malam] |
| | | |
| tampon (m) | tampon | [tampon] |
| papier (m) de toilette | kertas toilet | [kertas toylet] |
| sèche-cheveux (m) | pengering rambut | [peŋeriŋ rambut] |

## 40. Les montres. Les horloges

| montre (f) | arloji | [arlodʒi] |
| cadran (m) | piringan jam | [piriŋan dʒʲam] |
| aiguille (f) | jarum | [dʒʲarum] |
| bracelet (m) | rantai arloji | [rantaj arlodʒi] |
| bracelet (m) (en cuir) | tali arloji | [tali arlodʒi] |
| | | |
| pile (f) | baterai | [bateraj] |
| être déchargé | mati | [mati] |
| changer de pile | mengganti baterai | [məŋganti bateraj] |
| avancer (vi) | cepat | [ʧepat] |
| retarder (vi) | terlambat | [tərlambat] |
| | | |
| pendule (f) | jam dinding | [dʒʲam dindiŋ] |
| sablier (m) | jam pasir | [dʒʲam pasir] |
| cadran (m) solaire | jam matahari | [dʒʲam matahari] |
| réveil (m) | weker | [weker] |
| horloger (m) | tukang jam | [tukaŋ dʒʲam] |
| réparer (vt) | mereparasi, memperbaiki | [mereparasi], [memperbajki] |

# L'EXPÉRIENCE QUOTIDIENNE

## 41. L'argent

| | | |
|---|---|---|
| argent (m) | uang | [uaŋ] |
| échange (m) | pertukaran mata uang | [pərtukaran mata uaŋ] |
| cours (m) de change | nilai tukar | [nilaj tukar] |
| distributeur (m) | Anjungan Tunai Mandiri, ATM | [andʒuŋan tunaj mandiri], [a-te-em] |
| monnaie (f) | koin | [koin] |
| dollar (m) | dolar | [dolar] |
| euro (m) | euro | [euro] |
| lire (f) | lira | [lira] |
| mark (m) allemand | Mark Jerman | [marʔ dʒ⌐erman] |
| franc (m) | franc | [frantʃ] |
| livre sterling (f) | poundsterling | [paundsterliŋ] |
| yen (m) | yen | [yen] |
| dette (f) | utang | [utaŋ] |
| débiteur (m) | pengutang | [peŋutaŋ] |
| prêter (vt) | meminjamkan | [memindʒ⌐amkan] |
| emprunter (vt) | meminjam | [memindʒ⌐am] |
| banque (f) | bank | [banʔ] |
| compte (m) | rekening | [rekeniŋ] |
| verser (dans le compte) | memasukkan | [memasuʔkan] |
| verser dans le compte | memasukkan ke rekening | [memasuʔkan ke rekeniŋ] |
| retirer du compte | menarik uang | [mənariʔ uaŋ] |
| carte (f) de crédit | kartu kredit | [kartu kredit] |
| espèces (f pl) | uang kontan, uang tunai | [uaŋ kontan], [uaŋ tunaj] |
| chèque (m) | cek | [tʃeʔ] |
| faire un chèque | menulis cek | [mənulis tʃeʔ] |
| chéquier (m) | buku cek | [buku tʃeʔ] |
| portefeuille (m) | dompet | [dompet] |
| bourse (f) | dompet, pundi-pundi | [dompet], [pundi-pundi] |
| coffre fort (m) | brankas | [brankas] |
| héritier (m) | pewaris | [pewaris] |
| héritage (m) | warisan | [warisan] |
| fortune (f) | kekayaan | [kekaja'an] |
| location (f) | sewa | [sewa] |
| loyer (m) (argent) | uang sewa | [uaŋ sewa] |
| louer (prendre en location) | menyewa | [mənjewa] |
| prix (m) | harga | [harga] |
| coût (m) | harga | [harga] |

| somme (f) | jumlah | [dʒ|umlah] |
| dépenser (vt) | menghabiskan | [məŋhabiskan] |
| dépenses (f pl) | ongkos | [oŋkos] |
| économiser (vt) | menghemat | [məŋhemat] |
| économe (adj) | hemat | [hemat] |

| payer (régler) | membayar | [membajar] |
| paiement (m) | pembayaran | [pembajaran] |
| monnaie (f) (rendre la ~) | kembalian | [kembalian] |

| impôt (m) | pajak | [padʒ|a⁷] |
| amende (f) | denda | [denda] |
| mettre une amende | mendenda | [məndenda] |

## 42. La poste. Les services postaux

| poste (f) | kantor pos | [kantor pos] |
| courrier (m) (lettres, etc.) | surat | [surat] |
| facteur (m) | tukang pos | [tukaŋ pos] |
| heures (f pl) d'ouverture | jam buka | [dʒ|am buka] |

| lettre (f) | surat | [surat] |
| recommandé (m) | surat tercatat | [surat tərtʃatat] |
| carte (f) postale | kartu pos | [kartu pos] |
| télégramme (m) | telegram | [telegram] |
| colis (m) | parsel, paket pos | [parsel], [paket pos] |
| mandat (m) postal | wesel pos | [wesel pos] |

| recevoir (vt) | menerima | [mənerima] |
| envoyer (vt) | mengirim | [məŋirim] |
| envoi (m) | pengiriman | [peŋiriman] |
| adresse (f) | alamat | [alamat] |
| code (m) postal | kode pos | [kode pos] |
| expéditeur (m) | pengirim | [peŋirim] |
| destinataire (m) | penerima | [penerima] |

| prénom (m) | nama | [nama] |
| nom (m) de famille | nama keluarga | [nama keluarga] |
| tarif (m) | tarif | [tarif] |
| normal (adj) | biasa, standar | [biasa], [standar] |
| économique (adj) | ekonomis | [ekonomis] |

| poids (m) | berat | [berat] |
| peser (~ les lettres) | menimbang | [mənimbaŋ] |
| enveloppe (f) | amplop | [amplop] |
| timbre (m) | prangko | [praŋko] |
| timbrer (vt) | menempelkan prangko | [mənempelkan praŋko] |

## 43. Les opérations bancaires

| banque (f) | bank | [ban⁷] |
| agence (f) bancaire | cabang | [tʃabaŋ] |

| | | |
|---|---|---|
| conseiller (m) | konsultan | [konsultan] |
| gérant (m) | manajer | [manadʒ'er] |
| | | |
| compte (m) | rekening | [rekeniŋ] |
| numéro (m) du compte | nomor rekening | [nomor rekeniŋ] |
| compte (m) courant | rekening koran | [rekeniŋ koran] |
| compte (m) sur livret | rekening simpanan | [rekeniŋ simpanan] |
| | | |
| ouvrir un compte | membuka rekening | [membuka rekeniŋ] |
| clôturer le compte | menutup rekening | [mənutup rekeniŋ] |
| verser dans le compte | memasukkan ke rekening | [memasuʔkan ke rekeniŋ] |
| retirer du compte | menarik uang | [mənariʔ uaŋ] |
| | | |
| dépôt (m) | deposito | [deposito] |
| faire un dépôt | melakukan setoran | [melakukan setoran] |
| virement (m) bancaire | transfer kawat | [transfer kawat] |
| faire un transfert | mentransfer | [məntransfer] |
| | | |
| somme (f) | jumlah | [dʒ'umlah] |
| Combien? | Berapa? | [bərapa?] |
| | | |
| signature (f) | tanda tangan | [tanda taŋan] |
| signer (vt) | menandatangani | [mənandataŋani] |
| | | |
| carte (f) de crédit | kartu kredit | [kartu kredit] |
| code (m) | kode | [kode] |
| numéro (m) de carte de crédit | nomor kartu kredit | [nomor kartu kredit] |
| distributeur (m) | Anjungan Tunai Mandiri, ATM | [andʒ'uŋan tunaj mandiri], [a-te-em] |
| | | |
| chèque (m) | cek | [tʃeʔ] |
| faire un chèque | menulis cek | [mənulis tʃeʔ] |
| chéquier (m) | buku cek | [buku tʃeʔ] |
| | | |
| crédit (m) | kredit, pinjaman | [kredit], [pindʒ'aman] |
| demander un crédit | meminta kredit | [meminta kredit] |
| prendre un crédit | mendapatkan kredit | [məndapatkan kredit] |
| accorder un crédit | memberikan kredit | [memberikan kredit] |
| gage (m) | jaminan | [dʒ'aminan] |

## 44. Le téléphone. La conversation téléphonique

| | | |
|---|---|---|
| téléphone (m) | telepon | [telepon] |
| portable (m) | ponsel | [ponsel] |
| répondeur (m) | mesin penjawab panggilan | [mesin pendʒ'awab paŋgilan] |
| | | |
| téléphoner, appeler | menelepon | [mənelepon] |
| appel (m) | panggilan telepon | [paŋgilan telepon] |
| | | |
| composer le numéro | memutar nomor telepon | [memutar nomor telepon] |
| Allô! | Halo! | [halo!] |
| demander (~ l'heure) | bertanya | [bərtanja] |
| répondre (vi, vt) | menjawab | [məndʒ'awab] |
| entendre (bruit, etc.) | mendengar | [məndeŋar] |

| | | |
|---|---|---|
| bien (adv) | baik | [baj'] |
| mal (adv) | buruk, jelek | [buruk], [dʒiele'] |
| bruits (m pl) | bising, gangguan | [bisiŋ], [gaŋguan] |
| | | |
| récepteur (m) | gagang | [gagaŋ] |
| décrocher (vt) | mengangkat telepon | [məŋaŋkat telepon] |
| raccrocher (vi) | menutup telepon | [mənutup telepon] |
| | | |
| occupé (adj) | sibuk | [sibu'] |
| sonner (vi) | berdering | [berderiŋ] |
| carnet (m) de téléphone | buku telepon | [buku telepon] |
| | | |
| local (adj) | lokal | [lokal] |
| appel (m) local | panggilan lokal | [paŋgilan lokal] |
| interurbain (adj) | interlokal | [interlokal] |
| appel (m) interurbain | panggilan interlokal | [paŋgilan interlokal] |
| international (adj) | internasional | [internasional] |
| appel (m) international | panggilan internasional | [paŋgilan internasional] |

## 45. Le téléphone portable

| | | |
|---|---|---|
| portable (m) | ponsel | [ponsel] |
| écran (m) | layar | [lajar] |
| bouton (m) | kenop | [kenop] |
| carte SIM (f) | kartu SIM | [kartu sim] |
| | | |
| pile (f) | baterai | [bateraj] |
| être déchargé | mati | [mati] |
| chargeur (m) | pengisi baterai, pengecas | [peɲisi bateraj], [peɲetʃas] |
| | | |
| menu (m) | menu | [menu] |
| réglages (m pl) | penyetelan | [penjetelan] |
| mélodie (f) | nada panggil | [nada paŋgil] |
| sélectionner (vt) | memilih | [memilih] |
| | | |
| calculatrice (f) | kalkulator | [kalkulator] |
| répondeur (m) | penjawab telepon | [pendʒiawab telepon] |
| réveil (m) | weker | [weker] |
| contacts (m pl) | buku telepon | [buku telepon] |
| | | |
| SMS (m) | pesan singkat | [pesan siŋkat] |
| abonné (m) | pelanggan | [pelaŋgan] |

## 46. La papeterie

| | | |
|---|---|---|
| stylo (m) à bille | bolpen | [bolpen] |
| stylo (m) à plume | pena celup | [pena tʃelup] |
| | | |
| crayon (m) | pensil | [pensil] |
| marqueur (m) | spidol | [spidol] |
| feutre (m) | spidol | [spidol] |
| bloc-notes (m) | buku catatan | [buku tʃatatan] |

| | | |
|---|---|---|
| agenda (m) | agenda | [agenda] |
| règle (f) | mistar, penggaris | [mistar], [peŋgaris] |
| calculatrice (f) | kalkulator | [kalkulator] |
| gomme (f) | karet penghapus | [karet peŋhapus] |
| punaise (f) | paku payung | [paku pajuŋ] |
| trombone (m) | penjepit kertas | [pendʒepit kertas] |
| | | |
| colle (f) | lem | [lem] |
| agrafeuse (f) | stapler | [stapler] |
| perforateur (m) | alat pelubang kertas | [alat pelubaŋ kertas] |
| taille-crayon (m) | rautan pensil | [rautan pensil] |

## 47. Les langues étrangères

| | | |
|---|---|---|
| langue (f) | bahasa | [bahasa] |
| étranger (adj) | asing | [asiŋ] |
| langue (f) étrangère | bahasa asing | [bahasa asiŋ] |
| étudier (vt) | mempelajari | [mempeladʒari] |
| apprendre (~ l'arabe) | belajar | [beladʒar] |
| | | |
| lire (vi, vt) | membaca | [membatʃa] |
| parler (vi, vt) | berbicara | [bərbitʃara] |
| comprendre (vt) | mengerti | [məŋerti] |
| écrire (vt) | menulis | [mənulis] |
| | | |
| vite (adv) | cepat, fasih | [tʃepat], [fasih] |
| lentement (adv) | perlahan-lahan | [pərlahan-lahan] |
| couramment (adv) | fasih | [faɜih] |
| | | |
| règles (f pl) | peraturan | [pəraturan] |
| grammaire (f) | tatabahasa | [tatabahasa] |
| vocabulaire (m) | kosakata | [kosakata] |
| phonétique (f) | fonetik | [foneti?] |
| | | |
| manuel (m) | buku pelajaran | [buku peladʒaran] |
| dictionnaire (m) | kamus | [kamus] |
| manuel (m) autodidacte | buku autodidak | [buku autodida?] |
| guide (m) de conversation | panduan percakapan | [panduan pərtʃakapan] |
| | | |
| cassette (f) | kaset | [kaset] |
| cassette (f) vidéo | kaset video | [kaset video] |
| CD (m) | cakram kompak | [tʃakram kompa?] |
| DVD (m) | cakram DVD | [tʃakram di-vi-di] |
| | | |
| alphabet (m) | alfabet, abjad | [alfabet], [abdʒad] |
| épeler (vt) | mengeja | [məŋedʒa] |
| prononciation (f) | pelafalan | [pelafalan] |
| | | |
| accent (m) | aksen | [aksen] |
| avec un accent | dengan aksen | [deŋan aksen] |
| sans accent | tanpa aksen | [tanpa aksen] |
| | | |
| mot (m) | kata | [kata] |
| sens (m) | arti | [arti] |

| | | |
|---|---|---|
| cours (m pl) | **kursus** | [kursus] |
| s'inscrire (vp) | **Mendaftar** | [məndaftar] |
| professeur (m) (~ d'anglais) | **guru** | [guru] |
| | | |
| traduction (f) (action) | **penerjemahan** | [penerdʒʲemahan] |
| traduction (f) (texte) | **terjemahan** | [tərdʒʲemahan] |
| traducteur (m) | **penerjemah** | [penerdʒʲemah] |
| interprète (m) | **juru bahasa** | [dʒʲuru bahasa] |
| | | |
| polyglotte (m) | **poliglot** | [poliglot] |
| mémoire (f) | **memori, daya ingat** | [memori], [daja iŋat] |

# LES REPAS. LE RESTAURANT

## 48.  Le dressage de la table

| | | |
|---|---|---|
| cuillère (f) | sendok | [sendoʔ] |
| couteau (m) | pisau | [pisau] |
| fourchette (f) | garpu | [garpu] |
| tasse (f) | cangkir | [tʃaŋkir] |
| assiette (f) | piring | [piriŋ] |
| soucoupe (f) | alas cangkir | [alas tʃaŋkir] |
| serviette (f) | serbet | [serbet] |
| cure-dent (m) | tusuk gigi | [tusuʔ gigi] |

## 49.  Le restaurant

| | | |
|---|---|---|
| restaurant (m) | restoran | [restoran] |
| salon (m) de café | warung kopi | [waruŋ kopi] |
| bar (m) | bar | [bar] |
| salon (m) de thé | warung teh | [waruŋ teh] |
| serveur (m) | pelayan lelaki | [pelajan lelaki] |
| serveuse (f) | pelayan perempuan | [pelajan perempuan] |
| barman (m) | pelayan bar | [pelajan bar] |
| carte (f) | menu | [menu] |
| carte (f) des vins | daftar anggur | [daftar aŋgur] |
| réserver une table | memesan meja | [memesan medʒ'a] |
| plat (m) | masakan, hidangan | [masakan], [hidaŋan] |
| commander (vt) | memesan | [memesan] |
| faire la commande | memesan | [memesan] |
| apéritif (m) | aperitif | [aperitif] |
| hors-d'œuvre (m) | makanan ringan | [makanan riŋan] |
| dessert (m) | hidangan penutup | [hidaŋan penutup] |
| addition (f) | bon | [bon] |
| régler l'addition | membayar bon | [membajar bon] |
| rendre la monnaie | memberikan uang kembalian | [memberikan uaŋ kembalian] |
| pourboire (m) | tip | [tip] |

## 50.  Les repas

| | | |
|---|---|---|
| nourriture (f) | makanan | [makanan] |
| manger (vi, vt) | makan | [makan] |

| petit déjeuner (m) | makan pagi, sarapan | [makan pagi], [sarapan] |
| prendre le petit déjeuner | sarapan | [sarapan] |
| déjeuner (m) | makan siang | [makan siaŋ] |
| déjeuner (vi) | makan siang | [makan siaŋ] |
| dîner (m) | makan malam | [makan malam] |
| dîner (vi) | makan malam | [makan malam] |

| appétit (m) | nafsu makan | [nafsu makan] |
| Bon appétit! | Selamat makan! | [selamat makan!] |

| ouvrir (vt) | membuka | [membuka] |
| renverser (liquide) | menumpahkan | [mənumpahkan] |

| bouillir (vi) | mendidih | [məndidih] |
| faire bouillir | mendidihkan | [məndidihkan] |
| bouilli (l'eau ~e) | masak | [masaʔ] |
| refroidir (vt) | mendinginkan | [məndiŋinkan] |
| se refroidir (vp) | mendingin | [məndiŋin] |

| goût (m) | rasa | [rasa] |
| arrière-goût (m) | nuansa rasa | [nuansa rasa] |

| suivre un régime | berdiet | [berdiet] |
| régime (m) | diet, pola makan | [diet], [pola makan] |
| vitamine (f) | vitamin | [vitamin] |
| calorie (f) | kalori | [kalori] |
| végétarien (m) | vegetarian | [vegetarian] |
| végétarien (adj) | vegetarian | [vegetarian] |

| lipides (m pl) | lemak | [lemaʔ] |
| protéines (f pl) | protein | [protein] |
| glucides (m pl) | karbohidrat | [karbohidrat] |

| tranche (f) | irisan | [irisan] |
| morceau (m) | potongan | [potoŋan] |
| miette (f) | remah | [remah] |

## 51. Les plats cuisinés

| plat (m) | masakan, hidangan | [masakan], [hidaŋan] |
| cuisine (f) | masakan | [masakan] |
| recette (f) | resep | [resep] |
| portion (f) | porsi | [porsi] |

| salade (f) | salada | [salada] |
| soupe (f) | sup | [sup] |

| bouillon (m) | kaldu | [kaldu] |
| sandwich (m) | roti lapis | [roti lapis] |
| les œufs brouillés | telur mata sapi | [telur mata sapi] |

| hamburger (m) | hamburger | [hamburger] |
| steak (m) | bistik | [bistiʔ] |
| garniture (f) | lauk | [lauʔ] |

| spaghettis (m pl) | spageti | [spageti] |
| purée (f) | kentang tumbuk | [kentaŋ tumbuʔ] |
| pizza (f) | piza | [piza] |
| bouillie (f) | bubur | [bubur] |
| omelette (f) | telur dadar | [telur dadar] |

| cuit à l'eau (adj) | rebus | [rebus] |
| fumé (adj) | asap | [asap] |
| frit (adj) | goreng | [goreŋ] |
| sec (adj) | kering | [keriŋ] |
| congelé (adj) | beku | [beku] |
| mariné (adj) | marinade | [marinade] |

| sucré (adj) | manis | [manis] |
| salé (adj) | asin | [asin] |
| froid (adj) | dingin | [diŋin] |
| chaud (adj) | panas | [panas] |
| amer (adj) | pahit | [pahit] |
| bon (savoureux) | enak | [enaʔ] |

| cuire à l'eau | merebus | [merebus] |
| préparer (le dîner) | memasak | [memasaʔ] |
| faire frire | menggoreng | [məŋgoreŋ] |
| réchauffer (vt) | memanaskan | [memanaskan] |

| saler (vt) | menggarami | [məŋgarami] |
| poivrer (vt) | membubuh merica | [membubuh meritʃa] |
| râper (vt) | memarut | [memarut] |
| peau (f) | kulit | [kulit] |
| éplucher (vt) | mengupas | [moɲupas] |

## 52. Les aliments

| viande (f) | daging | [dagiŋ] |
| poulet (m) | ayam | [ajam] |
| poulet (m) (poussin) | anak ayam | [anaʔ ajam] |
| canard (m) | bebek | [bebeʔ] |
| oie (f) | angsa | [aŋsa] |
| gibier (m) | binatang buruan | [binataŋ buruan] |
| dinde (f) | kalkun | [kalkun] |

| du porc | daging babi | [dagiŋ babi] |
| du veau | daging anak sapi | [dagiŋ anaʔ sapi] |
| du mouton | daging domba | [dagiŋ domba] |
| du bœuf | daging sapi | [dagiŋ sapi] |
| lapin (m) | kelinci | [kelintʃi] |

| saucisson (m) | sosis | [sosis] |
| saucisse (f) | sosis | [sosis] |
| bacon (m) | bakon | [beykon] |
| jambon (m) | ham, daging kornet | [ham], [dagiŋ kornet] |
| cuisse (f) | ham | [ham] |
| pâté (m) | pasta | [pasta] |
| foie (m) | hati | [hati] |

| farce (f) | daging giling | [dagiŋ giliŋ] |
| langue (f) | lidah | [lidah] |

| œuf (m) | telur | [telur] |
| les œufs | telur | [telur] |
| blanc (m) d'œuf | putih telur | [putih telur] |
| jaune (m) d'œuf | kuning telur | [kuniŋ telur] |

| poisson (m) | ikan | [ikan] |
| fruits (m pl) de mer | makanan laut | [makanan laut] |
| crustacés (m pl) | krustasea | [krustasea] |
| caviar (m) | caviar | [kaviar] |

| crabe (m) | kepiting | [kepitiŋ] |
| crevette (f) | udang | [udaŋ] |
| huître (f) | tiram | [tiram] |
| langoustine (f) | lobster berduri | [lobster berduri] |
| poulpe (m) | gurita | [gurita] |
| calamar (m) | cumi-cumi | [ʧumi-ʧumi] |

| esturgeon (m) | ikan sturgeon | [ikan sturdʒien] |
| saumon (m) | salmon | [salmon] |
| flétan (m) | ikan turbot | [ikan turbot] |

| morue (f) | ikan kod | [ikan kod] |
| maquereau (m) | ikan kembung | [ikan kembuŋ] |
| thon (m) | tuna | [tuna] |
| anguille (f) | belut | [belut] |

| truite (f) | ikan forel | [ikan forel] |
| sardine (f) | sarden | [sarden] |
| brochet (m) | ikan pike | [ikan paik] |
| hareng (m) | ikan haring | [ikan hariŋ] |

| pain (m) | roti | [roti] |
| fromage (m) | keju | [kedʒiu] |
| sucre (m) | gula | [gula] |
| sel (m) | garam | [garam] |

| riz (m) | beras, nasi | [beras], [nasi] |
| pâtes (m pl) | makaroni | [makaroni] |
| nouilles (f pl) | mi | [mi] |

| beurre (m) | mentega | [məntega] |
| huile (f) végétale | minyak nabati | [minja' nabati] |
| huile (f) de tournesol | minyak bunga matahari | [minja' buŋa matahari] |
| margarine (f) | margarin | [margarin] |

| olives (f pl) | buah zaitun | [buah zajtun] |
| huile (f) d'olive | minyak zaitun | [minja' zajtun] |

| lait (m) | susu | [susu] |
| lait (m) condensé | susu kental | [susu kental] |
| yogourt (m) | yogurt | [yogurt] |
| crème (f) aigre | krim asam | [krim asam] |
| crème (f) (de lait) | krim, kepala susu | [krim], [kepala susu] |

| sauce (f) mayonnaise | mayones | [majones] |
| crème (f) au beurre | krim | [krim] |

| gruau (m) | menir | [menir] |
| farine (f) | tepung | [tepuŋ] |
| conserves (f pl) | makanan kalengan | [makanan kaleŋan] |

| pétales (m pl) de maïs | emping jagung | [empiŋ ʤ'aguŋ] |
| miel (m) | madu | [madu] |
| confiture (f) | selai | [selaj] |
| gomme (f) à mâcher | permen karet | [pərmen karet] |

## 53. Les boissons

| eau (f) | air | [air] |
| eau (f) potable | air minum | [air minum] |
| eau (f) minérale | air mineral | [air mineral] |

| plate (adj) | tanpa gas | [tanpa gas] |
| gazeuse (l'eau ~) | berkarbonasi | [bərkarbonasi] |
| pétillante (adj) | bergas | [bərgas] |
| glace (f) | es | [es] |
| avec de la glace | dengan es | [deŋan es] |

| sans alcool | tanpa alkohol | [tanpa alkohol] |
| boisson (f) non alcoolisée | minuman ringan | [minuman riŋan] |
| rafraîchissement (m) | minuman penygar | [minuman penigar] |
| limonade (f) | limun | [limun] |

| boissons (f pl) alcoolisées | minoman beralkohol | [minoman bəralkohol] |
| vin (m) | anggur | [aŋgur] |
| vin (m) blanc | anggur putih | [aŋgur putih] |
| vin (m) rouge | anggur merah | [aŋgur merah] |

| liqueur (f) | likeur | [likeur] |
| champagne (m) | sampanye | [sampanje] |
| vermouth (m) | vermouth | [vermut] |

| whisky (m) | wiski | [wiski] |
| vodka (f) | vodka | [vodka] |
| gin (m) | jin, jenewer | [ʤin], [ʤ'enewer] |
| cognac (m) | konyak | [konja'] |
| rhum (m) | rum | [rum] |

| café (m) | kopi | [kopi] |
| café (m) noir | kopi pahit | [kopi pahit] |
| café (m) au lait | kopi susu | [kopi susu] |
| cappuccino (m) | cappuccino | [kaputʃino] |
| café (m) soluble | kopi instan | [kopi instan] |

| lait (m) | susu | [susu] |
| cocktail (m) | koktail | [koktajl] |
| cocktail (m) au lait | susu kocok | [susu kotʃo'] |
| jus (m) | jus | [ʤ'us] |

| | | |
|---|---|---|
| jus (m) de tomate | jus tomat | [dʒ'us tomat] |
| jus (m) d'orange | jus jeruk | [dʒ'us dʒ'eru'] |
| jus (m) pressé | jus peras | [dʒ'us pəras] |
| | | |
| bière (f) | bir | [bir] |
| bière (f) blonde | bir putih | [bir putih] |
| bière (f) brune | bir hitam | [bir hitam] |
| | | |
| thé (m) | teh | [teh] |
| thé (m) noir | teh hitam | [teh hitam] |
| thé (m) vert | teh hijau | [teh hidʒ'au] |

## 54. Les légumes

| | | |
|---|---|---|
| légumes (m pl) | sayuran | [sajuran] |
| verdure (f) | sayuran hijau | [sajuran hidʒ'au] |
| | | |
| tomate (f) | tomat | [tomat] |
| concombre (m) | mentimun, ketimun | [məntimun], [ketimun] |
| carotte (f) | wortel | [wortel] |
| pomme (f) de terre | kentang | [kentaŋ] |
| oignon (m) | bawang | [bawaŋ] |
| ail (m) | bawang putih | [bawaŋ putih] |
| | | |
| chou (m) | kol | [kol] |
| chou-fleur (m) | kembang kol | [kembaŋ kol] |
| | | |
| chou (m) de Bruxelles | kol Brussels | [kol brusels] |
| brocoli (m) | brokoli | [brokoli] |
| | | |
| betterave (f) | ubi bit merah | [ubi bit merah] |
| aubergine (f) | terung, terong | [teruŋ], [təroŋ] |
| courgette (f) | labu siam | [labu siam] |
| | | |
| potiron (m) | labu | [labu] |
| navet (m) | turnip | [turnip] |
| | | |
| persil (m) | peterseli | [peterseli] |
| fenouil (m) | adas sowa | [adas sowa] |
| laitue (f) (salade) | selada | [selada] |
| céleri (m) | seledri | [seledri] |
| | | |
| asperge (f) | asparagus | [asparagus] |
| épinard (m) | bayam | [bajam] |
| | | |
| pois (m) | kacang polong | [katʃaŋ poloŋ] |
| fèves (f pl) | kacang-kacangan | [katʃaŋ-katʃaŋan] |
| | | |
| maïs (m) | jagung | [dʒ'aguŋ] |
| haricot (m) | kacang buncis | [katʃaŋ buntʃis] |
| | | |
| poivron (m) | cabai | [tʃabaj] |
| radis (m) | radis | [radis] |
| artichaut (m) | artisyok | [artiʃo'] |

## 55. Les fruits. Les noix

| | | |
|---|---|---|
| fruit (m) | buah | [buah] |
| pomme (f) | apel | [apel] |
| poire (f) | pir | [pir] |
| citron (m) | jeruk sitrun | [ʤˈeruˀ sitrun] |
| orange (f) | jeruk manis | [ʤˈeruˀ manis] |
| fraise (f) | stroberi | [stroberi] |
| | | |
| mandarine (f) | jeruk mandarin | [ʤˈeruˀ mandarin] |
| prune (f) | plum | [plum] |
| pêche (f) | persik | [persiˀ] |
| abricot (m) | aprikot | [aprikot] |
| framboise (f) | buah frambus | [buah frambus] |
| ananas (m) | nanas | [nanas] |
| | | |
| banane (f) | pisang | [pisaŋ] |
| pastèque (f) | semangka | [semaŋka] |
| raisin (m) | buah anggur | [buah aŋgur] |
| cerise (f) | buah ceri asam | [buah ʧeri asam] |
| merise (f) | buah ceri manis | [buah ʧeri manis] |
| melon (m) | melon | [melon] |
| | | |
| pamplemousse (m) | jeruk Bali | [ʤˈeruˀ bali] |
| avocat (m) | avokad | [avokad] |
| papaye (f) | pepaya | [pepaja] |
| mangue (f) | mangga | [maŋga] |
| grenade (f) | buah delima | [buah delima] |
| | | |
| groseille (f) rouge | redcurrant | [redkaren] |
| cassis (m) | blackcurrant | [bleˀkaren] |
| groseille (f) verte | buah arbei hijau | [buah arbei hiʤˈau] |
| myrtille (f) | buah bilberi | [buah bilberi] |
| mûre (f) | beri hitam | [beri hitam] |
| | | |
| raisin (m) sec | kismis | [kismis] |
| figue (f) | buah ara | [buah ara] |
| datte (f) | buah kurma | [buah kurma] |
| | | |
| cacahuète (f) | kacang tanah | [kaʧaŋ tanah] |
| amande (f) | badam | [badam] |
| noix (f) | buah walnut | [buah walnut] |
| noisette (f) | kacang hazel | [kaʧaŋ hazel] |
| noix (f) de coco | buah kelapa | [buah kelapa] |
| pistaches (f pl) | badam hijau | [badam hiʤˈau] |

## 56. Le pain. Les confiseries

| | | |
|---|---|---|
| confiserie (f) | kue-mue | [kue-mue] |
| pain (m) | roti | [roti] |
| biscuit (m) | biskuit | [biskuit] |
| chocolat (m) | cokelat | [ʧokelat] |
| en chocolat (adj) | cokelat | [ʧokelat] |

| bonbon (m) | permen | [pərmen] |
| gâteau (m), pâtisserie (f) | kue | [kue] |
| tarte (f) | kue tar | [kue tar] |

| gâteau (m) | pai | [pai] |
| garniture (f) | inti | [inti] |

| confiture (f) | selai buah utuh | [selaj buah utuh] |
| marmelade (f) | marmelade | [marmelade] |
| gaufre (f) | wafel | [wafel] |
| glace (f) | es krim | [es krim] |
| pudding (m) | puding | [pudiŋ] |

## 57. Les épices

| sel (m) | garam | [garam] |
| salé (adj) | asin | [asin] |
| saler (vt) | menggarami | [məŋgarami] |

| poivre (m) noir | merica | [meritʃa] |
| poivre (m) rouge | cabai merah | [tʃabaj merah] |
| moutarde (f) | mustar | [mustar] |
| raifort (m) | lobak pedas | [loba' pedas] |

| condiment (m) | bumbu | [bumbu] |
| épice (f) | rempah-rempah | [rempah-rempah] |
| sauce (f) | saus | [saus] |
| vinaigre (m) | cuka | [tʃuka] |

| anis (m) | adas manis | [adas manis] |
| basilic (m) | selasih | [selasih] |
| clou (m) de girofle | cengkih | [tʃeŋkih] |
| gingembre (m) | jahe | [dʒˠahe] |
| coriandre (m) | ketumbar | [ketumbar] |
| cannelle (f) | kayu manis | [kaju manis] |

| sésame (m) | wijen | [widʒˠen] |
| feuille (f) de laurier | daun salam | [daun salam] |
| paprika (m) | cabai | [tʃabaj] |
| cumin (m) | jintan | [dʒintan] |
| safran (m) | kuma-kuma | [kuma-kuma] |

# LES DONNÉES PERSONNELLES. LA FAMILLE

## 58. Les données personnelles. Les formulaires

| | | |
|---|---|---|
| prénom (m) | nama, nama depan | [nama], [nama depan] |
| nom (m) de famille | nama keluarga | [nama keluarga] |
| date (f) de naissance | tanggal lahir | [taŋgal lahir] |
| lieu (m) de naissance | tempat lahir | [tempat lahir] |
| | | |
| nationalité (f) | kebangsaan | [kebaŋsa'an] |
| domicile (m) | tempat tinggal | [tempat tiŋgal] |
| pays (m) | negara, negeri | [negara], [negeri] |
| profession (f) | profesi | [profesi] |
| | | |
| sexe (m) | jenis kelamin | [dʒ'enis kelamin] |
| taille (f) | tinggi badan | [tiŋgi badan] |
| poids (m) | berat | [berat] |

## 59. La famille. Les liens de parenté

| | | |
|---|---|---|
| mère (f) | ibu | [ibu] |
| père (m) | ayah | [ɑjɑh] |
| fils (m) | anak lelaki | [ana' lelaki] |
| fille (f) | anak perempuan | [ana' pərempuan] |
| | | |
| fille (f) cadette | anak perempuan bungsu | [ana' pərempuan buŋsu] |
| fils (m) cadet | anak lelaki bungsu | [ana' lelaki buŋsu] |
| fille (f) aînée | anak perempuan sulung | [ana' pərempuan suluŋ] |
| fils (m) aîné | anak lelaki sulung | [ana' lelaki suluŋ] |
| | | |
| frère (m) | saudara lelaki | [saudara lelaki] |
| frère (m) aîné | kakak lelaki | [kaka' lelaki] |
| frère (m) cadet | adik lelaki | [adi' lelaki] |
| sœur (f) | saudara perempuan | [saudara pərempuan] |
| sœur (f) aînée | kakak perempuan | [kaka' pərempuan] |
| sœur (f) cadette | adik perempuan | [adi' pərempuan] |
| | | |
| cousin (m) | sepupu lelaki | [sepupu lelaki] |
| cousine (f) | sepupu perempuan | [sepupu pərempuan] |
| | | |
| maman (f) | mama, ibu | [mama], [ibu] |
| papa (m) | papa, ayah | [papa], [ajah] |
| parents (m pl) | orang tua | [oraŋ tua] |
| enfant (m, f) | anak | [ana'] |
| enfants (pl) | anak-anak | [ana'-ana'] |
| | | |
| grand-mère (f) | nenek | [nene'] |
| grand-père (m) | kakek | [kake'] |

| petit-fils (m) | cucu laki-laki | [ʧuʧu laki-laki] |
| petite-fille (f) | cucu perempuan | [ʧuʧu pərempuan] |
| petits-enfants (pl) | cucu | [ʧuʧu] |

| oncle (m) | paman | [paman] |
| tante (f) | bibi | [bibi] |
| neveu (m) | keponakan laki-laki | [keponakan laki-laki] |
| nièce (f) | keponakan perempuan | [keponakan pərempuan] |

| belle-mère (f) | ibu mertua | [ibu mertua] |
| beau-père (m) | ayah mertua | [ajah mertua] |
| gendre (m) | menantu laki-laki | [mənantu laki-laki] |
| belle-mère (f) | ibu tiri | [ibu tiri] |
| beau-père (m) | ayah tiri | [ajah tiri] |

| nourrisson (m) | bayi | [baji] |
| bébé (m) | bayi | [baji] |
| petit (m) | bocah cilik | [boʧah ʧili'] |

| femme (f) | istri | [istri] |
| mari (m) | suami | [suami] |
| époux (m) | suami | [suami] |
| épouse (f) | istri | [istri] |

| marié (adj) | menikah, beristri | [mənikah], [bəristri] |
| mariée (adj) | menikah, bersuami | [mənikah], [bərsuami] |
| célibataire (adj) | bujang | [budʒˈaŋ] |
| célibataire (m) | bujang | [budʒˈaŋ] |
| divorcé (adj) | bercerai | [bərʧeraj] |
| veuve (f) | janda | [dʒˈanda] |
| veuf (m) | duda | [duda] |

| parent (m) | kerabat | [kerabat] |
| parent (m) proche | kerabat dekat | [kerabat dekat] |
| parent (m) éloigné | kerabat jauh | [kerabat dʒˈauh] |
| parents (m pl) | kerabat, sanak saudara | [kerabat], [sana' saudara] |

| orphelin (m), orpheline (f) | yatim piatu | [yatim piatu] |
| tuteur (m) | wali | [wali] |
| adopter (un garçon) | mengadopsi | [məŋadopsi] |
| adopter (une fille) | mengadopsi | [məŋadopsi] |

## 60. Les amis. Les collègues

| ami (m) | sahabat | [sahabat] |
| amie (f) | sahabat | [sahabat] |
| amitié (f) | persahabatan | [pərsahabatan] |
| être ami | bersahabat | [bərsahabat] |

| copain (m) | teman | [teman] |
| copine (f) | teman | [teman] |
| partenaire (m) | mitra | [mitra] |
| chef (m) | atasan | [atasan] |
| supérieur (m) | atasan | [atasan] |

| propriétaire (m) | pemilik | [pemiliʔ] |
| subordonné (m) | bawahan | [bawahan] |
| collègue (m, f) | kolega | [kolega] |

| connaissance (f) | kenalan | [kenalan] |
| compagnon (m) de route | rekan seperjalanan | [rekan seperdʒialanan] |
| copain (m) de classe | teman sekelas | [teman sekelas] |

| voisin (m) | tetangga | [tetaŋga] |
| voisine (f) | tetangga | [tetaŋga] |
| voisins (m pl) | para tetangga | [para tetaŋga] |

# LE CORPS HUMAIN. LES MÉDICAMENTS

## 61. La tête

| | | |
|---|---|---|
| tête (f) | kepala | [kepala] |
| visage (m) | wajah | [wadʒiah] |
| nez (m) | hidung | [hiduŋ] |
| bouche (f) | mulut | [mulut] |
| | | |
| œil (m) | mata | [mata] |
| les yeux | mata | [mata] |
| pupille (f) | pupil, biji mata | [pupil], [bidʒi mata] |
| sourcil (m) | alis | [alis] |
| cil (m) | bulu mata | [bulu mata] |
| paupière (f) | kelopak mata | [kelopaʔ mata] |
| | | |
| langue (f) | lidah | [lidah] |
| dent (f) | gigi | [gigi] |
| lèvres (f pl) | bibir | [bibir] |
| pommettes (f pl) | tulang pipi | [tulaŋ pipi] |
| gencive (f) | gusi | [gusi] |
| palais (m) | langit-langit mulut | [laŋit-laŋit mulut] |
| | | |
| narines (f pl) | lubang hidung | [lubaŋ hiduŋ] |
| menton (m) | dagu | [dagu] |
| mâchoire (f) | rahang | [rahaŋ] |
| joue (f) | pipi | [pipi] |
| | | |
| front (m) | dahi | [dahi] |
| tempe (f) | pelipis | [pelipis] |
| oreille (f) | telinga | [teliŋa] |
| nuque (f) | tengkuk | [teŋkuʔ] |
| cou (m) | leher | [leher] |
| gorge (f) | tenggorok | [teŋgoroʔ] |
| | | |
| cheveux (m pl) | rambut | [rambut] |
| coiffure (f) | tatanan rambut | [tatanan rambut] |
| coupe (f) | potongan rambut | [potoŋan rambut] |
| perruque (f) | wig, rambut palsu | [wig], [rambut palsu] |
| | | |
| moustache (f) | kumis | [kumis] |
| barbe (f) | janggut | [dʒiaŋgut] |
| porter (~ la barbe) | memelihara | [memelihara] |
| tresse (f) | kepang | [kepaŋ] |
| favoris (m pl) | brewok | [brewoʔ] |
| | | |
| roux (adj) | merah pirang | [merah piraŋ] |
| gris, grisonnant (adj) | beruban | [bəruban] |
| chauve (adj) | botak, plontos | [botak], [plontos] |
| calvitie (f) | botak | [botaʔ] |

| queue (f) de cheval | ekor kuda | [ekor kuda] |
| frange (f) | poni rambut | [poni rambut] |

## 62. Le corps humain

| main (f) | tangan | [taŋan] |
| bras (m) | lengan | [leŋan] |

| doigt (m) | jari | [dʒ'ari] |
| orteil (m) | jari | [dʒ'ari] |
| pouce (m) | jempol | [dʒ'empol] |
| petit doigt (m) | jari kelingking | [dʒ'ari keliŋkiŋ] |
| ongle (m) | kuku | [kuku] |

| poing (m) | kepalan tangan | [kepalan taŋan] |
| paume (f) | telapak | [telapaʔ] |
| poignet (m) | pergelangan | [pergelaŋan] |
| avant-bras (m) | lengan bawah | [leŋan bawah] |
| coude (m) | siku | [siku] |
| épaule (f) | bahu | [bahu] |

| jambe (f) | kaki | [kaki] |
| pied (m) | telapak kaki | [telapaʔ kaki] |
| genou (m) | lutut | [lutut] |
| mollet (m) | betis | [betis] |
| hanche (f) | paha | [paha] |
| talon (m) | tumit | [tumit] |

| corps (m) | tubuh | [tubuh] |
| ventre (m) | perut | [perut] |
| poitrine (f) | dada | [dada] |
| sein (m) | payudara | [pajudara] |
| côté (m) | rusuk | [rusuʔ] |
| dos (m) | punggung | [puŋguŋ] |
| reins (région lombaire) | pinggang bawah | [piŋaŋ bawah] |
| taille (f) (~ de guêpe) | pinggang | [piŋaŋ] |

| nombril (m) | pusar | [pusar] |
| fesses (f pl) | pantat | [pantat] |
| derrière (m) | pantat | [pantat] |

| grain (m) de beauté | tanda lahir | [tanda lahir] |
| tache (f) de vin | tanda lahir | [tanda lahir] |
| tatouage (m) | tato | [tato] |
| cicatrice (f) | parut luka | [parut luka] |

## 63. Les maladies

| maladie (f) | penyakit | [penjakit] |
| être malade | sakit | [sakit] |
| santé (f) | kesehatan | [kesehatan] |
| rhume (m) (coryza) | hidung meler | [hiduŋ meler] |

| | | |
|---|---|---|
| angine (f) | radang tonsil | [radaŋ tonsil] |
| refroidissement (m) | pilek, selesma | [pilek], [selesma] |
| prendre froid | masuk angin | [masu' aŋin] |
| | | |
| bronchite (f) | bronkitis | [bronkitis] |
| pneumonie (f) | radang paru-paru | [radaŋ paru-paru] |
| grippe (f) | flu | [flu] |
| | | |
| myope (adj) | rabun jauh | [rabun dʒ'auh] |
| presbyte (adj) | rabun dekat | [rabun dekat] |
| strabisme (m) | mata juling | [mata dʒ'uliŋ] |
| strabique (adj) | bermata juling | [bərmata dʒ'uliŋ] |
| cataracte (f) | katarak | [katara'] |
| glaucome (m) | glaukoma | [glaukoma] |
| | | |
| insulte (f) | stroke | [stroke] |
| crise (f) cardiaque | infark | [infar'] |
| infarctus (m) de myocarde | serangan jantung | [seraŋan dʒ'antuŋ] |
| paralysie (f) | kelumpuhan | [kelumpuhan] |
| paralyser (vt) | melumpuhkan | [melumpuhkan] |
| | | |
| allergie (f) | alergi | [alergi] |
| asthme (m) | asma | [asma] |
| diabète (m) | diabetes | [diabetes] |
| | | |
| mal (m) de dents | sakit gigi | [sakit gigi] |
| carie (f) | karies | [karies] |
| | | |
| diarrhée (f) | diare | [diare] |
| constipation (f) | konstipasi, sembelit | [konstipasi], [sembelit] |
| estomac (m) barbouillé | gangguan pencernaan | [gaŋuan pentʃarna'an] |
| intoxication (f) alimentaire | keracunan makanan | [keratʃunan makanan] |
| être intoxiqué | keracunan makanan | [keratʃunan makanan] |
| | | |
| arthrite (f) | artritis | [artritis] |
| rachitisme (m) | rakitis | [rakitis] |
| rhumatisme (m) | rematik | [remati'] |
| athérosclérose (f) | aterosklerosis | [aterosklerosis] |
| | | |
| gastrite (f) | radang perut | [radaŋ pərut] |
| appendicite (f) | apendisitis | [apendisitis] |
| cholécystite (f) | radang pundi empedu | [radaŋ pundi empedu] |
| ulcère (m) | tukak lambung | [tuka' lambuŋ] |
| | | |
| rougeole (f) | penyakit campak | [penjakit tʃampa'] |
| rubéole (f) | penyakit campak Jerman | [penjakit tʃampa' dʒ'erman] |
| jaunisse (f) | sakit kuning | [sakit kuniŋ] |
| hépatite (f) | hepatitis | [hepatitis] |
| | | |
| schizophrénie (f) | skizofrenia | [skizofrenia] |
| rage (f) (hydrophobie) | rabies | [rabies] |
| névrose (f) | neurosis | [neurosis] |
| commotion (f) cérébrale | gegar otak | [gegar ota'] |
| | | |
| cancer (m) | kanker | [kanker] |
| sclérose (f) | sklerosis | [sklerosis] |

| sclérose (f) en plaques | sklerosis multipel | [sklerosis multipel] |
| alcoolisme (m) | alkoholisme | [alkoholisme] |
| alcoolique (m) | alkoholik | [alkoholiʔ] |
| syphilis (f) | sifilis | [sifilis] |
| SIDA (m) | AIDS | [ajds] |

| tumeur (f) | tumor | [tumor] |
| maligne (adj) | ganas | [ganas] |
| bénigne (adj) | jinak | [dʒinaʔ] |

| fièvre (f) | demam | [demam] |
| malaria (f) | malaria | [malaria] |
| gangrène (f) | gangren | [gaŋren] |
| mal (m) de mer | mabuk laut | [mabuʔ laut] |
| épilepsie (f) | epilepsi | [epilepsi] |

| épidémie (f) | epidemi | [epidemi] |
| typhus (m) | tifus | [tifus] |
| tuberculose (f) | tuberkulosis | [tuberkulosis] |
| choléra (m) | kolera | [kolera] |
| peste (f) | penyakit pes | [penjakit pes] |

## 64. Les symptômes. Le traitement. Partie 1

| symptôme (m) | gejala | [gedʒʲala] |
| température (f) | temperatur, suhu | [temperatur], [suhu] |
| fièvre (f) | temperatur tinggi | [temperatur tiŋgi] |
| pouls (m) | denyut nadi | [donyut nadi] |

| vertige (m) | rasa pening | [rasa peniŋ] |
| chaud (adj) | panas | [panas] |
| frisson (m) | menggigil | [meŋgigil] |
| pâle (adj) | pucat | [putʃat] |

| toux (f) | batuk | [batuʔ] |
| tousser (vi) | batuk | [batuʔ] |
| éternuer (vi) | bersin | [bersin] |
| évanouissement (m) | pingsan | [piŋsan] |
| s'évanouir (vp) | jatuh pingsan | [dʒʲatuh piŋsan] |

| bleu (m) | luka memar | [luka memar] |
| bosse (f) | bengkak | [beŋkaʔ] |
| se heurter (vp) | terantuk | [terantuʔ] |
| meurtrissure (f) | luka memar | [luka memar] |
| se faire mal | kena luka memar | [kena luka memar] |

| boiter (vi) | pincang | [pintʃaŋ] |
| foulure (f) | keseleo | [keseleo] |
| se démettre (l'épaule, etc.) | keseleo | [keseleo] |
| fracture (f) | fraktura, patah tulang | [fraktura], [patah tulaŋ] |
| avoir une fracture | patah tulang | [patah tulaŋ] |

| coupure (f) | teriris | [teriris] |
| se couper (~ le doigt) | teriris | [teriris] |

| hémorragie (f) | perdarahan | [pərdarahan] |
| brûlure (f) | luka bakar | [luka bakar] |
| se brûler (vp) | menderita luka bakar | [mənderita luka bakar] |

| se piquer (le doigt) | menusuk | [mənusuʔ] |
| se piquer (vp) | tertusuk | [tərtusuʔ] |
| blesser (vt) | melukai | [melukaj] |
| blessure (f) | cedera | [tʃedera] |
| plaie (f) (blessure) | luka | [luka] |
| trauma (m) | trauma | [trauma] |

| délirer (vi) | mengigau | [məɲigau] |
| bégayer (vi) | gagap | [gagap] |
| insolation (f) | sengatan matahari | [seŋatan matahari] |

## 65. Les symptômes. Le traitement. Partie 2

| douleur (f) | sakit | [sakit] |
| écharde (f) | selumbar | [selumbar] |

| sueur (f) | keringat | [keriŋat] |
| suer (vi) | berkeringat | [bərkeriŋat] |
| vomissement (m) | muntah | [muntah] |
| spasmes (m pl) | kram | [kram] |

| enceinte (adj) | hamil | [hamil] |
| naître (vi) | lahir | [lahir] |
| accouchement (m) | persalinan | [pərsalinan] |
| accoucher (vi) | melahirkan | [melahirkan] |
| avortement (m) | aborsi | [aborsi] |

| respiration (f) | pernapasan | [pərnapasan] |
| inhalation (f) | tarikan napas | [tarikan napas] |
| expiration (f) | napas keluar | [napas keluar] |
| expirer (vi) | mengembuskan napas | [məɲembuskan napas] |
| inspirer (vi) | menarik napas | [mənariʔ napas] |

| invalide (m) | penderita cacat | [penderita tʃatʃat] |
| handicapé (m) | penderita cacat | [penderita tʃatʃat] |
| drogué (m) | pecandu narkoba | [petʃandu narkoba] |

| sourd (adj) | tunarungu | [tunaruŋu] |
| muet (adj) | tunawicara | [tunawitʃara] |
| sourd-muet (adj) | tunarungu-wicara | [tunaruŋu-witʃara] |

| fou (adj) | gila | [gila] |
| fou (m) | lelaki gila | [lelaki gila] |
| folle (f) | perempuan gila | [pərempuan gila] |
| devenir fou | menggila | [məŋgila] |

| gène (m) | gen | [gen] |
| immunité (f) | imunitas | [imunitas] |
| héréditaire (adj) | turun-temurun | [turun-temurun] |
| congénital (adj) | bawaan | [bawaʔan] |

| | | |
|---|---|---|
| virus (m) | **virus** | [virus] |
| microbe (m) | **mikroba** | [mikroba] |
| bactérie (f) | **bakteri** | [bakteri] |
| infection (f) | **infeksi** | [infeksi] |

## 66. Les symptômes. Le traitement. Partie 3

| | | |
|---|---|---|
| hôpital (m) | **rumah sakit** | [rumah sakit] |
| patient (m) | **pasien** | [pasien] |
| | | |
| diagnostic (m) | **diagnosis** | [diagnosis] |
| cure (f) (faire une ~) | **perawatan** | [perawatan] |
| traitement (m) | **pengobatan medis** | [peɲobatan medis] |
| se faire soigner | **berobat** | [berobat] |
| traiter (un patient) | **merawat** | [merawat] |
| soigner (un malade) | **merawat** | [merawat] |
| soins (m pl) | **pengasuhan** | [peɲasuhan] |
| | | |
| opération (f) | **operasi, pembedahan** | [operasi], [pembedahan] |
| panser (vt) | **membalut** | [membalut] |
| pansement (m) | **pembalutan** | [pembalutan] |
| | | |
| vaccination (f) | **vaksinasi** | [vaksinasi] |
| vacciner (vt) | **memvaksinasi** | [memvaksinasi] |
| piqûre (f) | **suntikan** | [suntikan] |
| faire une piqûre | **menyuntik** | [menyuntiʔ] |
| | | |
| crise, attaque (f) | **serangan** | [ɔɔraɲan] |
| amputation (f) | **amputasi** | [amputasi] |
| amputer (vt) | **mengamputasi** | [meɲamputasi] |
| coma (m) | **koma** | [koma] |
| être dans le coma | **dalam keadaan koma** | [dalam keadaʔan koma] |
| réanimation (f) | **perawatan intensif** | [perawatan intensif] |
| | | |
| se rétablir (vp) | **sembuh** | [sembuh] |
| état (m) (de santé) | **keadaan** | [keadaʔanˈ] |
| conscience (f) | **kesadaran** | [kesadaran] |
| mémoire (f) | **memori, daya ingat** | [memori], [daja iɲat] |
| | | |
| arracher (une dent) | **mencabut** | [mentʃabut] |
| plombage (m) | **tambalan** | [tambalan] |
| plomber (vt) | **menambal** | [menambal] |
| | | |
| hypnose (f) | **hipnosis** | [hipnosis] |
| hypnotiser (vt) | **menghipnosis** | [meɲhipnosis] |

## 67. Les médicaments. Les accessoires

| | | |
|---|---|---|
| médicament (m) | **obat** | [obat] |
| remède (m) | **obat** | [obat] |
| prescrire (vt) | **meresepkan** | [meresepkan] |
| ordonnance (f) | **resep** | [resep] |

| | | |
|---|---|---|
| comprimé (m) | pil, tablet | [pil], [tablet] |
| onguent (m) | salep | [salep] |
| ampoule (f) | ampul | [ampul] |
| mixture (f) | obat cair | [obat tʃajr] |
| sirop (m) | sirop | [sirop] |
| pilule (f) | pil | [pil] |
| poudre (f) | bubuk | [bubuʔ] |
| | | |
| bande (f) | perban | [perban] |
| coton (m) (ouate) | kapas | [kapas] |
| iode (m) | iodium | [iodium] |
| | | |
| sparadrap (m) | plester obat | [plester obat] |
| compte-gouttes (m) | tetes mata | [tetes mata] |
| thermomètre (m) | termometer | [tərmometər] |
| seringue (f) | alat suntik | [alat suntiʔ] |
| | | |
| fauteuil (m) roulant | kursi roda | [kursi roda] |
| béquilles (f pl) | kruk | [kruʔ] |
| | | |
| anesthésique (m) | obat bius | [obat bius] |
| purgatif (m) | laksatif, obat pencuci perut | [laksatif], [obat pentʃutʃi pərut] |
| alcool (m) | spiritus, alkohol | [spiritus], [alkohol] |
| herbe (f) médicinale | tanaman obat | [tanaman obat] |
| d'herbes (adj) | herbal | [herbal] |

# L'APPARTEMENT

## 68. L'appartement

| | | |
|---|---|---|
| appartement (m) | apartemen | [apartemen] |
| chambre (f) | kamar | [kamar] |
| chambre (f) à coucher | kamar tidur | [kamar tidur] |
| salle (f) à manger | ruang makan | [ruaŋ makan] |
| salon (m) | ruang tamu | [ruaŋ tamu] |
| bureau (m) | ruang kerja | [ruaŋ kerdʒʲa] |
| | | |
| antichambre (f) | ruang depan | [ruaŋ depan] |
| salle (f) de bains | kamar mandi | [kamar mandi] |
| toilettes (f pl) | kamar kecil | [kamar ketʃil] |
| | | |
| plafond (m) | plafon, langit-langit | [plafon], [laŋit-laŋit] |
| plancher (m) | lantai | [lantaj] |
| coin (m) | sudut | [sudut] |

## 69. Les meubles. L'intérieur

| | | |
|---|---|---|
| meubles (m pl) | mebel | [mobel] |
| table (f) | meja | [medʒʲa] |
| chaise (f) | kursi | [kursi] |
| lit (m) | ranjang | [randʒʲaŋ] |
| canapé (m) | dipan | [dipan] |
| fauteuil (m) | kursi malas | [kursi malas] |
| | | |
| bibliothèque (f) (meuble) | lemari buku | [lemari buku] |
| rayon (m) | rak | [raʔ] |
| | | |
| armoire (f) | lemari pakaian | [lemari pakajan] |
| patère (f) | kapstok | [kapstoʔ] |
| portemanteau (m) | kapstok berdiri | [kapstoʔ berdiri] |
| | | |
| commode (f) | lemari laci | [lemari latʃi] |
| table (f) basse | meja kopi | [medʒʲa kopi] |
| | | |
| miroir (m) | cermin | [tʃermin] |
| tapis (m) | permadani | [permadani] |
| petit tapis (m) | karpet kecil | [karpet ketʃil] |
| | | |
| cheminée (f) | perapian | [perapian] |
| bougie (f) | lilin | [lilin] |
| chandelier (m) | kaki lilin | [kaki lilin] |
| | | |
| rideaux (m pl) | gorden | [gorden] |
| papier (m) peint | kertas dinding | [kertas dindiŋ] |

| jalousie (f) | kerai | [keraj] |
| lampe (f) de table | lampu meja | [lampu medʒia] |
| applique (f) | lampu dinding | [lampu dindiŋ] |
| lampadaire (m) | lampu lantai | [lampu lantaj] |
| lustre (m) | lampu bercabang | [lampu bərtʃabaŋ] |
| | | |
| pied (m) (~ de la table) | kaki | [kaki] |
| accoudoir (m) | lengan | [leŋan] |
| dossier (m) | sandaran | [sandaran] |
| tiroir (m) | laci | [latʃi] |

## 70. La literie

| linge (m) de lit | kain kasur | [kain kasur] |
| oreiller (m) | bantal | [bantal] |
| taie (f) d'oreiller | sarung bantal | [saruŋ bantal] |
| couverture (f) | selimut | [selimut] |
| drap (m) | seprai | [sepraj] |
| couvre-lit (m) | selubung kasur | [selubuŋ kasur] |

## 71. La cuisine

| cuisine (f) | dapur | [dapur] |
| gaz (m) | gas | [gas] |
| cuisinière (f) à gaz | kompor gas | [kompor gas] |
| cuisinière (f) électrique | kompor listrik | [kompor listri'] |
| four (m) | oven | [oven] |
| four (m) micro-ondes | microwave | [majkrowav] |
| | | |
| réfrigérateur (m) | lemari es, kulkas | [lemari es], [kulkas] |
| congélateur (m) | lemari pembeku | [lemari pembeku] |
| lave-vaisselle (m) | mesin pencuci piring | [mesin pentʃutʃi piriŋ] |
| | | |
| hachoir (m) à viande | alat pelumat daging | [alat pelumat dagiŋ] |
| centrifugeuse (f) | mesin sari buah | [mesin sari buah] |
| grille-pain (m) | alat pemanggang roti | [alat pemaŋgaŋ roti] |
| batteur (m) | pencampur | [pentʃampur] |
| | | |
| machine (f) à café | mesin pembuat kopi | [mesin pembuat kopi] |
| cafetière (f) | teko kopi | [teko kopi] |
| moulin (m) à café | mesin penggiling kopi | [mesin peŋgiliŋ kopi] |
| | | |
| bouilloire (f) | cerek | [tʃere'] |
| théière (f) | teko | [teko] |
| couvercle (m) | tutup | [tutup] |
| passoire (f) à thé | saringan teh | [sariŋan teh] |
| | | |
| cuillère (f) | sendok | [sendo'] |
| petite cuillère (f) | sendok teh | [sendo' teh] |
| cuillère (f) à soupe | sendok makan | [sendo' makan] |
| fourchette (f) | garpu | [garpu] |
| couteau (m) | pisau | [pisau] |

| | | |
|---|---|---|
| vaisselle (f) | **piring mangkuk** | [piriŋ maŋkuʔ] |
| assiette (f) | **piring** | [piriŋ] |
| soucoupe (f) | **alas cangkir** | [alas tʃaŋkir] |
| | | |
| verre (m) à shot | **seloki** | [seloki] |
| verre (m) (~ d'eau) | **gelas** | [gelas] |
| tasse (f) | **cangkir** | [tʃaŋkir] |
| | | |
| sucrier (m) | **wadah gula** | [wadah gula] |
| salière (f) | **wadah garam** | [wadah garam] |
| poivrière (f) | **wadah merica** | [wadah meritʃa] |
| beurrier (m) | **wadah mentega** | [wadah mentega] |
| | | |
| casserole (f) | **panci** | [pantʃi] |
| poêle (f) | **kuali** | [kuali] |
| louche (f) | **sudu** | [sudu] |
| passoire (f) | **saringan** | [sariŋan] |
| plateau (m) | **talam** | [talam] |
| | | |
| bouteille (f) | **botol** | [botol] |
| bocal (m) (à conserves) | **gelas** | [gelas] |
| boîte (f) en fer-blanc | **kaleng** | [kaleŋ] |
| | | |
| ouvre-bouteille (m) | **pembuka botol** | [pembuka botol] |
| ouvre-boîte (m) | **pembuka kaleng** | [pembuka kaleŋ] |
| tire-bouchon (m) | **kotrek** | [kotreʔ] |
| filtre (m) | **saringan** | [sariŋan] |
| filtrer (vt) | **saringan** | [sariŋan] |
| | | |
| ordures (f pl) | **sampah** | [ɑmpah] |
| poubelle (f) | **tong sampah** | [toŋ sampah] |

## 72. La salle de bains

| | | |
|---|---|---|
| salle (f) de bains | **kamar mandi** | [kamar mandi] |
| eau (f) | **air** | [air] |
| robinet (m) | **keran** | [keran] |
| eau (f) chaude | **air panas** | [air panas] |
| eau (f) froide | **air dingin** | [air diŋin] |
| | | |
| dentifrice (m) | **pasta gigi** | [pasta gigi] |
| se brosser les dents | **menggosok gigi** | [məŋgosoʔ gigi] |
| brosse (f) à dents | **sikat gigi** | [sikat gigi] |
| | | |
| se raser (vp) | **bercukur** | [bərtʃukur] |
| mousse (f) à raser | **busa cukur** | [busa tʃukur] |
| rasoir (m) | **pisau cukur** | [pisau tʃukur] |
| | | |
| laver (vt) | **mencuci** | [məntʃutʃi] |
| se laver (vp) | **mandi** | [mandi] |
| douche (f) | **pancuran** | [pantʃuran] |
| prendre une douche | **mandi pancuran** | [mandi pantʃuran] |
| baignoire (f) | **bak mandi** | [baʔ mandi] |
| cuvette (f) | **kloset** | [kloset] |

| | | |
|---|---|---|
| lavabo (m) | wastafel | [wastafel] |
| savon (m) | sabun | [sabun] |
| porte-savon (m) | wadah sabun | [wadah sabun] |
| éponge (f) | spons | [spons] |
| shampooing (m) | sampo | [sampo] |
| serviette (f) | handuk | [handuʔ] |
| peignoir (m) de bain | jubah mandi | [dʒʲubah mandi] |
| lessive (f) (faire la ~) | pencucian | [pentʃutʃian] |
| machine (f) à laver | mesin cuci | [mesin tʃutʃi] |
| faire la lessive | mencuci | [məntʃutʃi] |
| lessive (f) (poudre) | deterjen cuci | [deterdʒʲen tʃutʃi] |

## 73. Les appareils électroménagers

| | | |
|---|---|---|
| téléviseur (m) | pesawat TV | [pesawat ti-vi] |
| magnétophone (m) | alat perekam | [alat pərekam] |
| magnétoscope (m) | video, VCR | [vidio], [vi-si-er] |
| radio (f) | radio | [radio] |
| lecteur (m) | pemutar | [pemutar] |
| vidéoprojecteur (m) | proyektor video | [proektor video] |
| home cinéma (m) | bioskop rumah | [bioskop rumah] |
| lecteur DVD (m) | pemutar DVD | [pemutar di-vi-di] |
| amplificateur (m) | penguat | [peɲuat] |
| console (f) de jeux | konsol permainan video | [konsol pərmajnan video] |
| caméscope (m) | kamera video | [kamera video] |
| appareil (m) photo | kamera | [kamera] |
| appareil (m) photo numérique | kamera digital | [kamera digital] |
| aspirateur (m) | pengisap debu | [peɲisap debu] |
| fer (m) à repasser | setrika | [setrika] |
| planche (f) à repasser | papan setrika | [papan setrika] |
| téléphone (m) | telepon | [telepon] |
| portable (m) | ponsel | [ponsel] |
| machine (f) à écrire | mesin ketik | [mesin ketiʔ] |
| machine (f) à coudre | mesin jahit | [mesin dʒʲahit] |
| micro (m) | mikrofon | [mikrofon] |
| écouteurs (m pl) | headphone, fonkepala | [headphone], [fonkepala] |
| télécommande (f) | panel kendali | [panel kendali] |
| CD (m) | cakram kompak | [tʃakram kompaʔ] |
| cassette (f) | kaset | [kaset] |
| disque (m) (vinyle) | piringan hitam | [piriɲan hitam] |

# LA TERRE. LE TEMPS

## 74. L'espace cosmique

| | | |
|---|---|---|
| cosmos (m) | angkasa | [aŋkasa] |
| cosmique (adj) | angkasa | [aŋkasa] |
| espace (m) cosmique | ruang angkasa | [ruaŋ aŋkasa] |
| monde (m) | dunia | [dunia] |
| univers (m) | jagat raya | [dʒagat raja] |
| galaxie (f) | galaksi | [galaksi] |
| | | |
| étoile (f) | bintang | [bintaŋ] |
| constellation (f) | gugusan bintang | [gugusan bintaŋ] |
| planète (f) | planet | [planet] |
| satellite (m) | satelit | [satelit] |
| | | |
| météorite (m) | meteorit | [meteorit] |
| comète (f) | komet | [komet] |
| astéroïde (m) | asteroid | [asteroid] |
| | | |
| orbite (f) | orbit | [orbit] |
| tourner (vi) | berputar | [bərputar] |
| atmosphère (f) | atmosfer | [atmosfer] |
| | | |
| Soleil (m) | matahari | [matahari] |
| système (m) solaire | tata surya | [tata surja] |
| éclipse (f) de soleil | gerhana matahari | [gerhana matahari] |
| | | |
| Terre (f) | Bumi | [bumi] |
| Lune (f) | Bulan | [bulan] |
| | | |
| Mars (m) | Mars | [mars] |
| Vénus (f) | Venus | [venus] |
| Jupiter (m) | Yupiter | [yupiter] |
| Saturne (m) | Saturnus | [saturnus] |
| | | |
| Mercure (m) | Merkurius | [merkurius] |
| Uranus (m) | Uranus | [uranus] |
| Neptune | Neptunus | [neptunus] |
| Pluton (m) | Pluto | [pluto] |
| | | |
| la Voie Lactée | Bimasakti | [bimasakti] |
| la Grande Ours | Ursa Major | [ursa madʒor] |
| la Polaire | Bintang Utara | [bintaŋ utara] |
| | | |
| martien (m) | makhluk Mars | [mahlu' mars] |
| extraterrestre (m) | makhluk ruang angkasa | [mahlu' ruaŋ aŋkasa] |
| alien (m) | alien, makhluk asing | [alien], [mahlu' asiŋ] |
| soucoupe (f) volante | piring terbang | [piriŋ terbaŋ] |
| vaisseau (m) spatial | kapal antariksa | [kapal antariksa] |

| station (f) orbitale | stasiun antariksa | [stasiun antariksa] |
| lancement (m) | peluncuran | [peluntʃuran] |

| moteur (m) | mesin | [mesin] |
| tuyère (f) | nosel | [nosel] |
| carburant (m) | bahan bakar | [bahan bakar] |

| cabine (f) | kokpit | [kokpit] |
| antenne (f) | antena | [antena] |
| hublot (m) | jendela | [dʒˈendela] |
| batterie (f) solaire | sel surya | [sel surja] |
| scaphandre (m) | pakaian antariksa | [pakajan antariksa] |

| apesanteur (f) | keadaan tanpa bobot | [keada'an tanpa bobot] |
| oxygène (m) | oksigen | [oksigen] |
| arrimage (m) | penggabungan | [peŋgabuŋan] |
| s'arrimer à ... | bergabung | [bərgabuŋ] |

| observatoire (m) | observatorium | [observatorium] |
| télescope (m) | teleskop | [teleskop] |
| observer (vt) | mengamati | [məŋamati] |
| explorer (un cosmos) | mengeksplorasi | [məŋeksplorasi] |

## 75. La Terre

| Terre (f) | Bumi | [bumi] |
| globe (m) terrestre | bola Bumi | [bola bumi] |
| planète (f) | planet | [planet] |

| atmosphère (f) | atmosfer | [atmosfer] |
| géographie (f) | geografi | [geografi] |
| nature (f) | alam | [alam] |

| globe (m) de table | globe | [globe] |
| carte (f) | peta | [peta] |
| atlas (m) | atlas | [atlas] |

| Europe (f) | Eropa | [eropa] |
| Asie (f) | Asia | [asia] |
| Afrique (f) | Afrika | [afrika] |
| Australie (f) | Australia | [australia] |

| Amérique (f) | Amerika | [amerika] |
| Amérique (f) du Nord | Amerika Utara | [amerika utara] |
| Amérique (f) du Sud | Amerika Selatan | [amerika selatan] |
| l'Antarctique (m) | Antartika | [antartika] |
| l'Arctique (m) | Arktika | [arktika] |

## 76. Les quatre parties du monde

| nord (m) | utara | [utara] |
| vers le nord | ke utara | [ke utara] |

| au nord | di utara | [di utara] |
| du nord (adj) | utara | [utara] |

| sud (m) | selatan | [selatan] |
| vers le sud | ke selatan | [ke selatan] |
| au sud | di selatan | [di selatan] |
| du sud (adj) | selatan | [selatan] |

| ouest (m) | barat | [barat] |
| vers l'occident | ke barat | [ke barat] |
| à l'occident | di barat | [di barat] |
| occidental (adj) | barat | [barat] |

| est (m) | timur | [timur] |
| vers l'orient | ke timur | [ke timur] |
| à l'orient | di timur | [di timur] |
| oriental (adj) | timur | [timur] |

## 77. Les océans et les mers

| mer (f) | laut | [laut] |
| océan (m) | samudra | [samudra] |
| golfe (m) | teluk | [teluʔ] |
| détroit (m) | selat | [selat] |

| terre (f) ferme | daratan | [daratan] |
| continent (m) | benua | [benua] |

| île (f) | pulau | [pulau] |
| presqu'île (f) | semenanjung, jazirah | [semenandʒˈuŋ], [dʒˈazirah] |
| archipel (m) | kepulauan | [kepulauan] |

| baie (f) | teluk | [teluʔ] |
| port (m) | pelabuhan | [pelabuhan] |
| lagune (f) | laguna | [laguna] |
| cap (m) | tanjung | [tandʒˈuŋ] |

| atoll (m) | pulau karang | [pulau karaŋ] |
| récif (m) | terumbu | [terumbu] |
| corail (m) | karang | [karaŋ] |
| récif (m) de corail | terumbu karang | [terumbu karaŋ] |

| profond (adj) | dalam | [dalam] |
| profondeur (f) | kedalaman | [kedalaman] |
| abîme (m) | jurang | [dʒˈuraŋ] |
| fosse (f) océanique | palung | [paluŋ] |

| courant (m) | arus | [arus] |
| baigner (vt) (mer) | berbatasan dengan | [berbatasan deŋan] |

| littoral (m) | pantai | [pantaj] |
| côte (f) | pantai | [pantaj] |
| marée (f) haute | air pasang | [air pasaŋ] |
| marée (f) basse | air surut | [air surut] |

| banc (m) de sable | beting | [betiŋ] |
| fond (m) | dasar | [dasar] |

| vague (f) | gelombang | [gelombaŋ] |
| crête (f) de la vague | puncak gelombang | [puntʃaʔ gelombaŋ] |
| mousse (f) | busa, buih | [busa], [buih] |

| tempête (f) en mer | badai | [badaj] |
| ouragan (m) | topan | [topan] |
| tsunami (m) | tsunami | [tsunami] |
| calme (m) | angin tenang | [aŋin tenaŋ] |
| calme (tranquille) | tenang | [tenaŋ] |

| pôle (m) | kutub | [kutub] |
| polaire (adj) | kutub | [kutub] |

| latitude (f) | lintang | [lintaŋ] |
| longitude (f) | garis bujur | [garis budʒʲur] |
| parallèle (f) | sejajar | [sedʒʲadʒʲar] |
| équateur (m) | khatulistiwa | [hatulistiwa] |

| ciel (m) | langit | [laŋit] |
| horizon (m) | horizon | [horizon] |
| air (m) | udara | [udara] |

| phare (m) | mercusuar | [mertʃusuar] |
| plonger (vi) | menyelam | [mənjelam] |
| sombrer (vi) | karam | [karam] |
| trésor (m) | harta karun | [harta karun] |

## 78. Les noms des mers et des océans

| océan (m) Atlantique | Samudra Atlantik | [samudra atlantiʔ] |
| océan (m) Indien | Samudra Hindia | [samudra hindia] |
| océan (m) Pacifique | Samudra Pasifik | [samudra pasifiʔ] |
| océan (m) Glacial | Samudra Arktik | [samudra arktiʔ] |

| mer (f) Noire | Laut Hitam | [laut hitam] |
| mer (f) Rouge | Laut Merah | [laut merah] |
| mer (f) Jaune | Laut Kuning | [laut kuniŋ] |
| mer (f) Blanche | Laut Putih | [laut putih] |

| mer (f) Caspienne | Laut Kaspia | [laut kaspia] |
| mer (f) Morte | Laut Mati | [laut mati] |
| mer (f) Méditerranée | Laut Tengah | [laut teŋah] |

| mer (f) Égée | Laut Aegean | [laut aegean] |
| mer (f) Adriatique | Laut Adriatik | [laut adriatiʔ] |

| mer (f) Arabique | Laut Arab | [laut arab] |
| mer (f) du Japon | Laut Jepang | [laut dʒʲepaŋ] |
| mer (f) de Béring | Laut Bering | [laut bəriŋ] |
| mer (f) de Chine Méridionale | Laut Cina Selatan | [laut tʃina selatan] |
| mer (f) de Corail | Laut Karang | [laut karaŋ] |

| | | |
|---|---|---|
| mer (f) de Tasman | Laut Tasmania | [laut tasmania] |
| mer (f) Caraïbe | Laut Karibia | [laut karibia] |
| | | |
| mer (f) de Barents | Laut Barents | [laut barents] |
| mer (f) de Kara | Laut Kara | [laut kara] |
| | | |
| mer (f) du Nord | Laut Utara | [laut utara] |
| mer (f) Baltique | Laut Baltik | [laut balti'] |
| mer (f) de Norvège | Laut Norwegia | [laut norwegia] |

## 79. Les montagnes

| | | |
|---|---|---|
| montagne (f) | gunung | [gunuŋ] |
| chaîne (f) de montagnes | jajaran gunung | [dʒ'adʒ'aran gunuŋ] |
| crête (f) | sisir gunung | [sisir gunuŋ] |
| | | |
| sommet (m) | puncak | [puntʃa'] |
| pic (m) | puncak | [puntʃa'] |
| pied (m) | kaki | [kaki] |
| pente (f) | lereng | [lereŋ] |
| | | |
| volcan (m) | gunung api | [gunuŋ api] |
| volcan (m) actif | gunung api yang aktif | [gunuŋ api yaŋ aktif] |
| volcan (m) éteint | gunung api yang tidak aktif | [gunuŋ api yaŋ tida' aktif] |
| | | |
| éruption (f) | erupsi, letusan | [erupsi], [letusan] |
| cratère (m) | kawah | [kawah] |
| magma (m) | magma | [mɑgma] |
| lave (f) | lava, lahar | [lava], [lahar] |
| en fusion (lave ~) | pijar | [pidʒ'ar] |
| | | |
| canyon (m) | kanyon | [kanjon] |
| défilé (m) (gorge) | jurang | [dʒ'uraŋ] |
| crevasse (f) | celah | [tʃelah] |
| précipice (m) | jurang | [dʒ'uraŋ] |
| | | |
| col (m) de montagne | pass, celah | [pass], [tʃelah] |
| plateau (m) | plato, dataran tinggi | [plato], [dataran tiŋgi] |
| rocher (m) | tebing | [tebiŋ] |
| colline (f) | bukit | [bukit] |
| | | |
| glacier (m) | gletser | [gletser] |
| chute (f) d'eau | air terjun | [air tərdʒ'un] |
| geyser (m) | geiser | [geyser] |
| lac (m) | danau | [danau] |
| | | |
| plaine (f) | dataran | [dataran] |
| paysage (m) | landskap | [landskap] |
| écho (m) | gema | [gema] |
| | | |
| alpiniste (m) | pendaki gunung | [pendaki gunuŋ] |
| varappeur (m) | pemanjat tebing | [pemandʒ'at tebiŋ] |
| conquérir (vt) | menaklukkan | [mənaklu'kan] |
| ascension (f) | pendakian | [pendakian] |

## 80. Les noms des chaînes de montagne

| | | |
|---|---|---|
| Alpes (f pl) | Alpen | [alpen] |
| Mont Blanc (m) | Mont Blanc | [mon blan] |
| Pyrénées (f pl) | Pirenia | [pirenia] |
| | | |
| Carpates (f pl) | Pegunungan Karpatia | [pegunuŋan karpatia] |
| Monts Oural (m pl) | Pegunungan Ural | [pegunuŋan ural] |
| Caucase (m) | Kaukasus | [kaukasus] |
| Elbrous (m) | Elbrus | [elbrus] |
| | | |
| Altaï (m) | Altai | [altaj] |
| Tian Chan (m) | Tien Shan | [tjen ʃan] |
| Pamir (m) | Pegunungan Pamir | [pegunuŋan pamir] |
| Himalaya (m) | Himalaya | [himalaja] |
| Everest (m) | Everest | [everest] |
| | | |
| Andes (f pl) | Andes | [andes] |
| Kilimandjaro (m) | Kilimanjaro | [kilimandʒaro] |

## 81. Les fleuves

| | | |
|---|---|---|
| rivière (f), fleuve (m) | sungai | [suŋaj] |
| source (f) | mata air | [mata air] |
| lit (m) (d'une rivière) | badan sungai | [badan suŋaj] |
| bassin (m) | basin | [basin] |
| se jeter dans … | mengalir ke … | [məŋalir ke …] |
| | | |
| affluent (m) | anak sungai | [ana' suŋaj] |
| rive (f) | tebing sungai | [tebiŋ suŋaj] |
| | | |
| courant (m) | arus | [arus] |
| en aval | ke hilir | [ke hilir] |
| en amont | ke hulu | [ke hulu] |
| | | |
| inondation (f) | banjir | [bandʒir] |
| les grandes crues | banjir | [bandʒir] |
| déborder (vt) | membanjiri | [membandʒiri] |
| inonder (vt) | membanjiri | [membandʒiri] |
| | | |
| bas-fond (m) | beting | [betiŋ] |
| rapide (m) | jeram | [dʒeram] |
| | | |
| barrage (m) | dam, bendungan | [dam], [benduŋan] |
| canal (m) | kanal, terusan | [kanal], [terusan] |
| lac (m) de barrage | waduk | [wadu'] |
| écluse (f) | pintu air | [pintu air] |
| | | |
| plan (m) d'eau | kolam | [kolam] |
| marais (m) | rawa | [rawa] |
| fondrière (f) | bencah, paya | [bentʃah], [paja] |
| tourbillon (m) | pusaran air | [pusaran air] |
| ruisseau (m) | selokan | [selokan] |

| potable (adj) | minum | [minum] |
| douce (l'eau ~) | tawar | [tawar] |

| glace (f) | es | [es] |
| être gelé | membeku | [membeku] |

## 82. Les noms des fleuves

| Seine (f) | Seine | [seine] |
| Loire (f) | Loire | [loire] |

| Tamise (f) | Thames | [tems] |
| Rhin (m) | Rein | [reyn] |
| Danube (m) | Donau | [donau] |

| Volga (f) | Volga | [volga] |
| Don (m) | Don | [don] |
| Lena (f) | Lena | [lena] |

| Huang He (m) | Suang Kuning | [suaŋ kuniŋ] |
| Yangzi Jiang (m) | Yangtze | [yaŋtze] |
| Mékong (m) | Mekong | [mekoŋ] |
| Gange (m) | Gangga | [gaŋga] |

| Nil (m) | Sungai Nil | [suŋaj nil] |
| Congo (m) | Kongo | [koŋo] |
| Okavango (m) | Okavango | [okavaŋo] |
| Zambèze (m) | Zambezi | [zɒmbɒzi] |
| Limpopo (m) | Limpopo | [limpopo] |
| Mississippi (m) | Mississippi | [misisipi] |

## 83. La forêt

| forêt (f) | hutan | [hutan] |
| forestier (adj) | hutan | [hutan] |

| fourré (m) | hutan lebat | [hutan lebat] |
| bosquet (m) | hutan kecil | [hutan ketʃil] |
| clairière (f) | pembukaan hutan | [pembukaʔan hutan] |

| broussailles (f pl) | semak belukar | [semaʔ belukar] |
| taillis (m) | belukar | [belukar] |

| sentier (m) | jalan setapak | [dʒ'alan setapaʔ] |
| ravin (m) | parit | [parit] |

| arbre (m) | pohon | [pohon] |
| feuille (f) | daun | [daun] |
| feuillage (m) | daun-daunan | [daun-daunan] |

| chute (f) de feuilles | daun berguguran | [daun berguguran] |
| tomber (feuilles) | luruh | [luruh] |

| sommet (m) | puncak | [puntʃaʔ] |
| rameau (m) | cabang | [tʃabaŋ] |
| branche (f) | dahan | [dahan] |
| bourgeon (m) | tunas | [tunas] |
| aiguille (f) | daun jarum | [daun dʒiarum] |
| pomme (f) de pin | buah pinus | [buah pinus] |
| | | |
| creux (m) | lubang pohon | [lubaŋ pohon] |
| nid (m) | sarang | [saraŋ] |
| terrier (m) (~ d'un renard) | lubang | [lubaŋ] |
| | | |
| tronc (m) | batang | [bataŋ] |
| racine (f) | akar | [akar] |
| écorce (f) | kulit | [kulit] |
| mousse (f) | lumut | [lumut] |
| | | |
| déraciner (vt) | mencabut | [mәntʃabut] |
| abattre (un arbre) | menebang | [mәnebaŋ] |
| déboiser (vt) | deforestasi, penggundulan hutan | [deforestasi], [pәŋgundulan hutan] |
| souche (f) | tunggul | [tuŋgul] |
| | | |
| feu (m) de bois | api unggun | [api uŋgun] |
| incendie (m) | kebakaran hutan | [kebakaran hutan] |
| éteindre (feu) | memadamkan | [memadamkan] |
| | | |
| garde (m) forestier | penjaga hutan | [pendʒaga hutan] |
| protection (f) | perlindungan | [pәrlinduŋan] |
| protéger (vt) | melindungi | [melinduŋi] |
| braconnier (m) | pemburu ilegal | [pemburu ilegal] |
| piège (m) à mâchoires | perangkap | [pәraŋkap] |
| | | |
| cueillir (vt) | memetik | [memetiʔ] |
| s'égarer (vp) | tersesat | [tәrsesat] |

## 84. Les ressources naturelles

| ressources (f pl) naturelles | sumber daya alam | [sumber daja alam] |
| minéraux (m pl) | bahan tambang | [bahan tambaŋ] |
| gisement (m) | endapan | [endapan] |
| champ (m) (~ pétrolifère) | ladang | [ladaŋ] |
| | | |
| extraire (vt) | menambang | [mәnambaŋ] |
| extraction (f) | pertambangan | [pәrtambaŋan] |
| minerai (m) | bijih | [bidʒih] |
| mine (f) (site) | tambang | [tambaŋ] |
| puits (m) de mine | sumur tambang | [sumur tambaŋ] |
| mineur (m) | penambang | [penambaŋ] |
| | | |
| gaz (m) | gas | [gas] |
| gazoduc (m) | pipa saluran gas | [pipa saluran gas] |
| | | |
| pétrole (m) | petroleum, minyak | [petroleum], [minjaʔ] |
| pipeline (m) | pipa saluran minyak | [pipa saluran minjaʔ] |

| tour (f) de forage | sumur minyak | [sumur minjaʔ] |
| derrick (m) | menara bor minyak | [mənara bor minjaʔ] |
| pétrolier (m) | kapal tangki | [kapal taŋki] |

| sable (m) | pasir | [pasir] |
| calcaire (m) | batu kapur | [batu kapur] |
| gravier (m) | kerikil | [kerikil] |
| tourbe (f) | gambut | [gambut] |
| argile (f) | tanah liat | [tanah liat] |
| charbon (m) | arang | [araŋ] |

| fer (m) | besi | [besi] |
| or (m) | emas | [emas] |
| argent (m) | perak | [peraʔ] |
| nickel (m) | nikel | [nikel] |
| cuivre (m) | tembaga | [tembaga] |

| zinc (m) | seng | [seŋ] |
| manganèse (m) | mangan | [maŋan] |
| mercure (m) | air raksa | [air raksa] |
| plomb (m) | timbal | [timbal] |

| minéral (m) | mineral | [mineral] |
| cristal (m) | kristal, hablur | [kristal], [hablur] |
| marbre (m) | marmer | [marmer] |
| uranium (m) | uranium | [uranium] |

## 85. Le temps

| temps (m) | cuaca | [ʧuaʧa] |
| météo (f) | prakiraan cuaca | [prakiraʔan ʧuaʧa] |
| température (f) | temperatur, suhu | [temperatur], [suhu] |
| thermomètre (m) | termometer | [tərmometər] |
| baromètre (m) | barometer | [barometer] |

| humide (adj) | lembap | [lembap] |
| humidité (f) | kelembapan | [kelembapan] |

| chaleur (f) (canicule) | panas, gerah | [panas], [gerah] |
| torride (adj) | panas terik | [panas təriʔ] |
| il fait très chaud | panas | [panas] |

| il fait chaud | hangat | [haŋat] |
| chaud (modérément) | hangat | [haŋat] |

| il fait froid | dingin | [diŋin] |
| froid (adj) | dingin | [diŋin] |

| soleil (m) | matahari | [matahari] |
| briller (soleil) | bersinar | [bersinar] |
| ensoleillé (jour ~) | cerah | [ʧerah] |
| se lever (vp) | terbit | [terbit] |
| se coucher (vp) | terbenam | [terbenam] |
| nuage (m) | awan | [awan] |

| nuageux (adj) | berawan | [bərawan] |
| nuée (f) | awan mendung | [awan menduŋ] |
| sombre (adj) | mendung | [menduŋ] |

| pluie (f) | hujan | [hudʒʲan] |
| il pleut | hujan turun | [hudʒʲan turun] |
| pluvieux (adj) | hujan | [hudʒʲan] |
| bruiner (v imp) | gerimis | [gerimis] |

| pluie (f) torrentielle | hujan lebat | [hudʒʲan lebat] |
| averse (f) | hujan lebat | [hudʒʲan lebat] |
| forte (la pluie ~) | lebat | [lebat] |
| flaque (f) | kubangan | [kubaŋan] |
| se faire mouiller | kehujanan | [kehudʒʲanan] |

| brouillard (m) | kabut | [kabut] |
| brumeux (adj) | berkabut | [bərkabut] |
| neige (f) | salju | [saldʒʲu] |
| il neige | turun salju | [turun saldʒʲu] |

## 86. Les intempéries. Les catastrophes naturelles

| orage (m) | hujan badai | [hudʒʲan badaj] |
| éclair (m) | kilat | [kilat] |
| éclater (foudre) | berkilau | [bərkilau] |

| tonnerre (m) | petir | [petir] |
| gronder (tonnerre) | bergemuruh | [bərgemuruh] |
| le tonnerre gronde | bergemuruh | [bərgemuruh] |

| grêle (f) | hujan es | [hudʒʲan es] |
| il grêle | hujan es | [hudʒʲan es] |

| inonder (vt) | membanjiri | [membandʒiri] |
| inondation (f) | banjir | [bandʒir] |

| tremblement (m) de terre | gempa bumi | [gempa bumi] |
| secousse (f) | gempa | [gempa] |
| épicentre (m) | episentrum | [episentrum] |

| éruption (f) | erupsi, letusan | [erupsi], [letusan] |
| lave (f) | lava, lahar | [lava], [lahar] |

| tourbillon (m) | puting beliung | [putiŋ beliuŋ] |
| tornade (f) | tornado | [tornado] |
| typhon (m) | topan | [topan] |

| ouragan (m) | topan | [topan] |
| tempête (f) | badai | [badaj] |
| tsunami (m) | tsunami | [tsunami] |

| cyclone (m) | siklon | [siklon] |
| intempéries (f pl) | cuaca buruk | [tʃuatʃa buruʔ] |
| incendie (m) | kebakaran | [kebakaran] |

| | | |
|---|---|---|
| catastrophe (f) | **bencana** | [bentʃana] |
| météorite (m) | **meteorit** | [meteorit] |
| | | |
| avalanche (f) | **longsor** | [loŋsor] |
| éboulement (m) | **salju longsor** | [saldʒiu loŋsor] |
| blizzard (m) | **badai salju** | [badaj saldʒiu] |
| tempête (f) de neige | **badai salju** | [badaj saldʒiu] |

# LA FAUNE

## 87. Les mammifères. Les prédateurs

| | | |
|---|---|---|
| prédateur (m) | predator, pemangsa | [predator], [pemaŋsa] |
| tigre (m) | harimau | [harimau] |
| lion (m) | singa | [siŋa] |
| loup (m) | serigala | [serigala] |
| renard (m) | rubah | [rubah] |
| | | |
| jaguar (m) | jaguar | [dʒˈaguar] |
| léopard (m) | leopard, macan tutul | [leopard], [matʃan tutul] |
| guépard (m) | cheetah | [tʃeetah] |
| | | |
| panthère (f) | harimau kumbang | [harimau kumbaŋ] |
| puma (m) | singa gunung | [siŋa gunuŋ] |
| léopard (m) de neiges | harimau bintang salju | [harimau bintaŋ saldʒˈu] |
| lynx (m) | lynx | [links] |
| | | |
| coyote (m) | koyote | [koyot] |
| chacal (m) | jakal | [dʒˈakal] |
| hyène (f) | hiena | [hiena] |

## 88. Les animaux sauvages

| | | |
|---|---|---|
| animal (m) | binatang | [binataŋ] |
| bête (f) | binatang buas | [binataŋ buas] |
| | | |
| écureuil (m) | bajing | [badʒiŋ] |
| hérisson (m) | landak susu | [landaʔ susu] |
| lièvre (m) | terwelu | [tɘrwelu] |
| lapin (m) | kelinci | [kelintʃi] |
| | | |
| blaireau (m) | luak | [luaʔ] |
| raton (m) | rakun | [rakun] |
| hamster (m) | hamster | [hamster] |
| marmotte (f) | marmut | [marmut] |
| | | |
| taupe (f) | tikus mondok | [tikus mondoʔ] |
| souris (f) | tikus | [tikus] |
| rat (m) | tikus besar | [tikus besar] |
| chauve-souris (f) | kelelawar | [kelelawar] |
| | | |
| hermine (f) | ermin | [ermin] |
| zibeline (f) | sabel | [sabel] |
| martre (f) | marten | [marten] |
| belette (f) | musang | [musaŋ] |
| vison (m) | cerpelai | [tʃerpelaj] |

| castor (m) | beaver | [beaver] |
| loutre (f) | berang-berang | [bəraŋ-bəraŋ] |

| cheval (m) | kuda | [kuda] |
| élan (m) | rusa besar | [rusa besar] |
| cerf (m) | rusa | [rusa] |
| chameau (m) | unta | [unta] |

| bison (m) | bison | [bison] |
| aurochs (m) | aurochs | [oroks] |
| buffle (m) | kerbau | [kerbau] |

| zèbre (m) | kuda belang | [kuda belaŋ] |
| antilope (f) | antelop | [antelop] |
| chevreuil (m) | kijang | [kidʒˈaŋ] |
| biche (f) | rusa | [rusa] |
| chamois (m) | chamois | [ʃemva] |
| sanglier (m) | babi hutan jantan | [babi hutan dʒˈantan] |

| baleine (f) | ikan paus | [ikan paus] |
| phoque (m) | anjing laut | [andʒiŋ laut] |
| morse (m) | walrus | [walrus] |
| ours (m) de mer | anjing laut berbulu | [andʒiŋ laut bərbulu] |
| dauphin (m) | lumba-lumba | [lumba-lumba] |

| ours (m) | beruang | [bəruaŋ] |
| ours (m) blanc | beruang kutub | [bəruaŋ kutub] |
| panda (m) | panda | [panda] |

| singe (m) | monyet | [monjet] |
| chimpanzé (m) | simpanse | [simpanse] |
| orang-outang (m) | orang utan | [oraŋ utan] |
| gorille (m) | gorila | [gorila] |
| macaque (m) | kera | [kera] |
| gibbon (m) | siamang, ungka | [siamaŋ], [uŋka] |

| éléphant (m) | gajah | [gadʒˈah] |
| rhinocéros (m) | badak | [badaˀ] |
| girafe (f) | jerapah | [dʒˈerapah] |
| hippopotame (m) | kuda nil | [kuda nil] |

| kangourou (m) | kanguru | [kaŋuru] |
| koala (m) | koala | [koala] |

| mangouste (f) | garangan | [garaŋan] |
| chinchilla (m) | chinchilla | [tʃintʃilla] |
| mouffette (f) | sigung | [siguŋ] |
| porc-épic (m) | landak | [landaˀ] |

## 89. Les animaux domestiques

| chat (m) (femelle) | kucing betina | [kutʃiŋ betina] |
| chat (m) (mâle) | kucing jantan | [kutʃiŋ dʒˈantan] |
| chien (m) | anjing | [andʒiŋ] |

| cheval (m) | kuda | [kuda] |
| étalon (m) | kuda jantan | [kuda dʒ'antan] |
| jument (f) | kuda betina | [kuda betina] |

| vache (f) | sapi | [sapi] |
| taureau (m) | sapi jantan | [sapi dʒ'antan] |
| bœuf (m) | lembu jantan | [lembu dʒ'antan] |

| brebis (f) | domba | [domba] |
| mouton (m) | domba jantan | [domba dʒ'antan] |
| chèvre (f) | kambing betina | [kambiŋ betina] |
| bouc (m) | kambing jantan | [kambiŋ dʒ'antan] |

| âne (m) | keledai | [keledaj] |
| mulet (m) | bagal | [bagal] |

| cochon (m) | babi | [babi] |
| pourceau (m) | anak babi | [ana' babi] |
| lapin (m) | kelinci | [kelintʃi] |

| poule (f) | ayam betina | [ajam betina] |
| coq (m) | ayam jago | [ajam dʒ'ago] |

| canard (m) | bebek | [bebe'] |
| canard (m) mâle | bebek jantan | [bebe' dʒ'antan] |
| oie (f) | angsa | [aŋsa] |

| dindon (m) | kalkun jantan | [kalkun dʒ'antan] |
| dinde (f) | kalkun betina | [kalkun betina] |

| animaux (m pl) domestiques | binatang piaraan | [binataŋ piara'an] |
| apprivoisé (adj) | jinak | [dʒina'] |
| apprivoiser (vt) | menjinakkan | [məndʒina'kan] |
| élever (vt) | membiakkan | [membia'kan] |

| ferme (f) | peternakan | [peternakan] |
| volaille (f) | unggas | [uŋgas] |
| bétail (m) | ternak | [terna'] |
| troupeau (m) | kawanan | [kawanan] |

| écurie (f) | kandang kuda | [kandaŋ kuda] |
| porcherie (f) | kandang babi | [kandaŋ babi] |
| vacherie (f) | kandang sapi | [kandaŋ sapi] |
| cabane (f) à lapins | sangkar kelinci | [saŋkar kelintʃi] |
| poulailler (m) | kandang ayam | [kandaŋ ajam] |

## 90. Les oiseaux

| oiseau (m) | burung | [buruŋ] |
| pigeon (m) | burung dara | [buruŋ dara] |
| moineau (m) | burung gereja | [buruŋ geredʒ'a] |
| mésange (f) | burung tit | [buruŋ tit] |
| pie (f) | burung murai | [buruŋ muraj] |
| corbeau (m) | burung raven | [buruŋ raven] |

| | | |
|---|---|---|
| corneille (f) | burung gagak | [buruŋ gaga ʔ] |
| choucas (m) | burung gagak kecil | [buruŋ gaga ʔ ketʃil] |
| freux (m) | burung rook | [buruŋ roo ʔ] |
| | | |
| canard (m) | bebek | [bebe ʔ] |
| oie (f) | angsa | [aŋsa] |
| faisan (m) | burung kuau | [buruŋ kuau] |
| | | |
| aigle (m) | rajawali | [radʒ ˈawali] |
| épervier (m) | elang | [elaŋ] |
| faucon (m) | alap-alap | [alap-alap] |
| vautour (m) | hering | [heriŋ] |
| condor (m) | kondor | [kondor] |
| | | |
| cygne (m) | angsa | [aŋsa] |
| grue (f) | burung jenjang | [buruŋ dʒ ˈendʒ ˈaŋ] |
| cigogne (f) | bangau | [baŋau] |
| | | |
| perroquet (m) | burung nuri | [buruŋ nuri] |
| colibri (m) | burung kolibri | [buruŋ kolibri] |
| paon (m) | burung merak | [buruŋ mera ʔ] |
| | | |
| autruche (f) | burung unta | [buruŋ unta] |
| héron (m) | kuntul | [kuntul] |
| flamant (m) | burung flamingo | [buruŋ flamiŋo] |
| pélican (m) | pelikan | [pelikan] |
| | | |
| rossignol (m) | burung bulbul | [buruŋ bulbul] |
| hirondelle (f) | burung walet | [buruŋ walet] |
| | | |
| merle (m) | burung jalak | [buruŋ dʒ ˈala ʔ] |
| grive (f) | burung jalak suren | [buruŋ dʒ ˈala ʔ suren] |
| merle (m) noir | burung jalak hitam | [buruŋ dʒ ˈala ʔ hitam] |
| | | |
| martinet (m) | burung apus-apus | [buruŋ apus-apus] |
| alouette (f) des champs | burung lark | [buruŋ lar ʔ] |
| caille (f) | burung puyuh | [buruŋ puyuh] |
| | | |
| pivert (m) | burung pelatuk | [buruŋ pelatu ʔ] |
| coucou (m) | burung kukuk | [buruŋ kuku ʔ] |
| chouette (f) | burung hantu | [buruŋ hantu] |
| hibou (m) | burung hantu bertanduk | [buruŋ hantu bertandu ʔ] |
| tétras (m) | burung murai kayu | [buruŋ muraj kaju] |
| tétras-lyre (m) | burung belibis hitam | [buruŋ belibis hitam] |
| perdrix (f) | ayam hutan | [ajam hutan] |
| | | |
| étourneau (m) | burung starling | [buruŋ starliŋ] |
| canari (m) | burung kenari | [buruŋ kenari] |
| gélinotte (f) des bois | ayam hutan hazel | [ajam hutan hazel] |
| | | |
| pinson (m) | burung chaffinch | [buruŋ tʃaffintʃ] |
| bouvreuil (m) | burung bullfinch | [buruŋ bullfintʃ] |
| | | |
| mouette (f) | burung camar | [buruŋ tʃamar] |
| albatros (m) | albatros | [albatros] |
| pingouin (m) | penguin | [peŋuin] |

## 91. Les poissons. Les animaux marins

| | | |
|---|---|---|
| brème (f) | ikan bream | [ikan bream] |
| carpe (f) | ikan karper | [ikan karper] |
| perche (f) | ikan tilapia | [ikan tilapia] |
| silure (m) | lais junggang | [lajs ʤˈuŋgaŋ] |
| brochet (m) | ikan pike | [ikan paik] |
| | | |
| saumon (m) | salmon | [salmon] |
| esturgeon (m) | ikan sturgeon | [ikan sturʤˈen] |
| | | |
| hareng (m) | ikan haring | [ikan hariŋ] |
| saumon (m) atlantique | ikan salem | [ikan salem] |
| maquereau (m) | ikan kembung | [ikan kembuŋ] |
| flet (m) | ikan sebelah | [ikan sebelah] |
| | | |
| sandre (f) | ikan seligi tenggeran | [ikan seligi teŋgeran] |
| morue (f) | ikan kod | [ikan kod] |
| thon (m) | tuna | [tuna] |
| truite (f) | ikan forel | [ikan forel] |
| | | |
| anguille (f) | belut | [belut] |
| torpille (f) | ikan pari listrik | [ikan pari listriʔ] |
| murène (f) | belut moray | [belut morey] |
| piranha (m) | ikan piranha | [ikan piranha] |
| | | |
| requin (m) | ikan hiu | [ikan hiu] |
| dauphin (m) | lumba-lumba | [lumba-lumba] |
| baleine (f) | ikan paus | [ikan paus] |
| | | |
| crabe (m) | kepiting | [kepitiŋ] |
| méduse (f) | ubur-ubur | [ubur-ubur] |
| pieuvre (f), poulpe (m) | gurita | [gurita] |
| | | |
| étoile (f) de mer | bintang laut | [bintaŋ laut] |
| oursin (m) | landak laut | [landaʔ laut] |
| hippocampe (m) | kuda laut | [kuda laut] |
| | | |
| huître (f) | tiram | [tiram] |
| crevette (f) | udang | [udaŋ] |
| homard (m) | udang karang | [udaŋ karaŋ] |
| langoustine (f) | lobster berduri | [lobster bərduri] |

## 92. Les amphibiens. Les reptiles

| | | |
|---|---|---|
| serpent (m) | ular | [ular] |
| venimeux (adj) | berbisa | [bərbisa] |
| | | |
| vipère (f) | ular viper | [ular viper] |
| cobra (m) | kobra | [kobra] |
| python (m) | ular sanca | [ular santʃa] |
| boa (m) | ular boa | [ular boa] |
| couleuvre (f) | ular tanah | [ular tanah] |

| serpent (m) à sonnettes | ular derik | [ular deriʔ] |
| anaconda (m) | ular anakonda | [ular anakonda] |

| lézard (m) | kadal | [kadal] |
| iguane (m) | iguana | [iguana] |
| varan (m) | biawak | [biawaʔ] |
| salamandre (f) | salamander | [salamander] |
| caméléon (m) | bunglon | [buŋlon] |
| scorpion (m) | kalajengking | [kaladʒʲeŋkiŋ] |

| tortue (f) | kura-kura | [kura-kura] |
| grenouille (f) | katak | [kataʔ] |
| crapaud (m) | kodok | [kodoʔ] |
| crocodile (m) | buaya | [buaja] |

## 93. Les insectes

| insecte (m) | serangga | [seraŋga] |
| papillon (m) | kupu-kupu | [kupu-kupu] |
| fourmi (f) | semut | [semut] |
| mouche (f) | lalat | [lalat] |
| moustique (m) | nyamuk | [njamuʔ] |
| scarabée (m) | kumbang | [kumbaŋ] |

| guêpe (f) | tawon | [tawon] |
| abeille (f) | lebah | [lebah] |
| bourdon (m) | kumbang | [kumbaŋ] |
| œstre (m) | lalat kerbau | [lalat kerbau] |

| araignée (f) | laba-laba | [laba-laba] |
| toile (f) d'araignée | sarang laba-laba | [saraŋ laba-laba] |

| libellule (f) | capung | [tʃapuŋ] |
| sauterelle (f) | belalang | [belalaŋ] |
| papillon (m) | ngengat | [ŋəŋat] |

| cafard (m) | kecoa | [ketʃoa] |
| tique (f) | kutu | [kutu] |
| puce (f) | kutu loncat | [kutu lontʃat] |
| moucheron (m) | agas | [agas] |

| criquet (m) | belalang | [belalaŋ] |
| escargot (m) | siput | [siput] |
| grillon (m) | jangkrik | [dʒʲaŋkriʔ] |
| luciole (f) | kunang-kunang | [kunaŋ-kunaŋ] |
| coccinelle (f) | kumbang koksi | [kumbaŋ koksi] |
| hanneton (m) | kumbang Cockchafer | [kumbaŋ kokʃafer] |

| sangsue (f) | lintah | [lintah] |
| chenille (f) | ulat | [ulat] |
| ver (m) | cacing | [tʃatʃiŋ] |
| larve (f) | larva | [larva] |

# LA FLORE

## 94. Les arbres

| | | |
|---|---|---|
| arbre (m) | pohon | [pohon] |
| à feuilles caduques | daun luruh | [daun luruh] |
| conifère (adj) | pohon jarum | [pohon dʒⁱarum] |
| à feuilles persistantes | selalu hijau | [selalu hidʒⁱau] |
| | | |
| pommier (m) | pohon apel | [pohon apel] |
| poirier (m) | pohon pir | [pohon pir] |
| merisier (m) | pohon ceri manis | [pohon tʃeri manis] |
| cerisier (m) | pohon ceri asam | [pohon tʃeri asam] |
| prunier (m) | pohon plum | [pohon plum] |
| | | |
| bouleau (m) | pohon berk | [pohon bər²] |
| chêne (m) | pohon eik | [pohon ei²] |
| tilleul (m) | pohon linden | [pohon linden] |
| tremble (m) | pohon aspen | [pohon aspen] |
| érable (m) | pohon mapel | [pohon mapel] |
| | | |
| épicéa (m) | pohon den | [pohon den] |
| pin (m) | pohon pinus | [pohon pinus] |
| mélèze (m) | pohon larch | [pohon lartʃ] |
| sapin (m) | pohon fir | [pohon fir] |
| cèdre (m) | pohon aras | [pohon aras] |
| | | |
| peuplier (m) | pohon poplar | [pohon poplar] |
| sorbier (m) | pohon rowan | [pohon rowan] |
| saule (m) | pohon dedalu | [pohon dedalu] |
| aune (m) | pohon alder | [pohon alder] |
| hêtre (m) | pohon nothofagus | [pohon notofagus] |
| orme (m) | pohon elm | [pohon elm] |
| frêne (m) | pohon abu | [pohon abu] |
| marronnier (m) | kastanye | [kastanje] |
| | | |
| magnolia (m) | magnolia | [magnolia] |
| palmier (m) | palem | [palem] |
| cyprès (m) | pokok cipres | [poko² sipres] |
| palétuvier (m) | bakau | [bakau] |
| baobab (m) | baobab | [baobab] |
| eucalyptus (m) | kayu putih | [kaju putih] |
| séquoia (m) | sequoia | [sekuoia] |

## 95. Les arbustes

| | | |
|---|---|---|
| buisson (m) | rumpun | [rumpun] |
| arbrisseau (m) | semak | [sema²] |

| | | |
|---|---|---|
| vigne (f) | **pohon anggur** | [pohon aŋgur] |
| vigne (f) (vignoble) | **kebun anggur** | [kebun aŋgur] |
| | | |
| framboise (f) | **pohon frambus** | [pohon frambus] |
| cassis (m) | **pohon blackcurrant** | [pohon bleʔkaren] |
| groseille (f) rouge | **pohon redcurrant** | [pohon redkaren] |
| groseille (f) verte | **pohon arbei hijau** | [pohon arbei hidʒiau] |
| | | |
| acacia (m) | **pohon akasia** | [pohon akasia] |
| berbéris (m) | **pohon barberis** | [pohon barberis] |
| jasmin (m) | **melati** | [melati] |
| | | |
| genévrier (m) | **pohon juniper** | [pohon dʒiuniper] |
| rosier (m) | **pohon mawar** | [pohon mawar] |
| églantier (m) | **pohon mawar liar** | [pohon mawar liar] |

## 96. Les fruits. Les baies

| | | |
|---|---|---|
| fruit (m) | **buah** | [buah] |
| fruits (m pl) | **buah-buahan** | [buah-buahan] |
| | | |
| pomme (f) | **apel** | [apel] |
| poire (f) | **pir** | [pir] |
| prune (f) | **plum** | [plum] |
| | | |
| fraise (f) | **stroberi** | [stroberi] |
| cerise (f) | **buah ceri asam** | [buah tʃeri asam] |
| merise (f) | **buah ceri manis** | [buah tʃeri manis] |
| raisin (m) | **buah anggur** | [buah aŋgur] |
| | | |
| framboise (f) | **buah frambus** | [buah frambus] |
| cassis (m) | **blackcurrant** | [bleʔkaren] |
| groseille (f) rouge | **redcurrant** | [redkaren] |
| groseille (f) verte | **buah arbei hijau** | [buah arbei hidʒiau] |
| canneberge (f) | **buah kranberi** | [buah kranberi] |
| | | |
| orange (f) | **jeruk manis** | [dʒieruʔ manis] |
| mandarine (f) | **jeruk mandarin** | [dʒieruʔ mandarin] |
| ananas (m) | **nanas** | [nanas] |
| banane (f) | **pisang** | [pisaŋ] |
| datte (f) | **buah kurma** | [buah kurma] |
| | | |
| citron (m) | **jeruk sitrun** | [dʒieruʔ sitrun] |
| abricot (m) | **aprikot** | [aprikot] |
| pêche (f) | **persik** | [persiʔ] |
| | | |
| kiwi (m) | **kiwi** | [kiwi] |
| pamplemousse (m) | **jeruk Bali** | [dʒieruʔ bali] |
| | | |
| baie (f) | **buah beri** | [buah beri] |
| baies (f pl) | **buah-buah beri** | [buah-buah beri] |
| airelle (f) rouge | **buah cowberry** | [buah kowberi] |
| fraise (f) des bois | **stroberi liar** | [stroberi liar] |
| myrtille (f) | **buah bilberi** | [buah bilberi] |

## 97. Les fleurs. Les plantes

| | | |
|---|---|---|
| fleur (f) | bunga | [buŋa] |
| bouquet (m) | buket | [buket] |
| | | |
| rose (f) | mawar | [mawar] |
| tulipe (f) | tulip | [tulip] |
| oeillet (m) | bunga anyelir | [buŋa anjelir] |
| glaïeul (m) | bunga gladiol | [buŋa gladiol] |
| | | |
| bleuet (m) | cornflower | [kornflawa] |
| campanule (f) | bunga lonceng biru | [buŋa lontʃeŋ biru] |
| dent-de-lion (f) | dandelion | [dandelion] |
| marguerite (f) | bunga margrit | [buŋa margrit] |
| | | |
| aloès (m) | lidah buaya | [lidah buaja] |
| cactus (m) | kaktus | [kaktus] |
| ficus (m) | pohon ara | [pohon ara] |
| | | |
| lis (m) | bunga lili | [buŋa lili] |
| géranium (m) | geranium | [geranium] |
| jacinthe (f) | bunga bakung lembayung | [buŋa bakuŋ lembajuŋ] |
| | | |
| mimosa (m) | putri malu | [putri malu] |
| jonquille (f) | bunga narsis | [buŋa narsis] |
| capucine (f) | bunga nasturtium | [buŋa nasturtium] |
| | | |
| orchidée (f) | anggrek | [aŋgreˀ] |
| pivoine (f) | bunga peoni | [buŋa peoni] |
| violette (f) | bunga violet | [buŋa violet] |
| | | |
| pensée (f) | bunga pansy | [buŋa pansi] |
| myosotis (m) | bunga jangan-lupakan-daku | [buŋa dʒian̯an-lupakan-daku] |
| pâquerette (f) | bunga desi | [buŋa desi] |
| | | |
| coquelicot (m) | bunga madat | [buŋa madat] |
| chanvre (m) | rami | [rami] |
| menthe (f) | mint | [min] |
| | | |
| muguet (m) | lili lembah | [lili lembah] |
| perce-neige (f) | bunga tetesan salju | [buŋa tetesan saldʒiu] |
| | | |
| ortie (f) | jelatang | [dʒielataŋ] |
| oseille (f) | daun sorrel | [daun sorrel] |
| nénuphar (m) | lili air | [lili air] |
| fougère (f) | pakis | [pakis] |
| lichen (m) | lichen | [litʃen] |
| | | |
| serre (f) tropicale | rumah kaca | [rumah katʃa] |
| gazon (m) | halaman berumput | [halaman bərumput] |
| parterre (m) de fleurs | bedeng bunga | [bedeŋ buŋa] |
| | | |
| plante (f) | tumbuhan | [tumbuhan] |
| herbe (f) | rumput | [rumput] |

| | | |
|---|---|---|
| brin (m) d'herbe | **sehelai rumput** | [sehelaj rumput] |
| feuille (f) | **daun** | [daun] |
| pétale (m) | **kelopak** | [kelopaʔ] |
| tige (f) | **batang** | [bataŋ] |
| tubercule (m) | **ubi** | [ubi] |
| | | |
| pousse (f) | **tunas** | [tunas] |
| épine (f) | **duri** | [duri] |
| | | |
| fleurir (vi) | **berbunga** | [bərbuŋa] |
| se faner (vp) | **layu** | [laju] |
| odeur (f) | **bau** | [bau] |
| couper (vt) | **memotong** | [memotoŋ] |
| cueillir (fleurs) | **memetik** | [memetiʔ] |

## 98. Les céréales

| | | |
|---|---|---|
| grains (m pl) | **biji-bijian** | [bidʒi-bidʒian] |
| céréales (f pl) (plantes) | **padi-padian** | [padi-padian] |
| épi (m) | **bulir** | [bulir] |
| | | |
| blé (m) | **gandum** | [gandum] |
| seigle (m) | **gandum hitam** | [gandum hitam] |
| avoine (f) | **oat** | [oat] |
| millet (m) | **jawawut** | [dʒʲawawut] |
| orge (f) | **jelai** | [dʒʲelaj] |
| | | |
| maïs (m) | **jagung** | [dʒʲaguŋ] |
| riz (m) | **beras** | [beras] |
| sarrasin (m) | **buckwheat** | [bakvit] |
| | | |
| pois (m) | **kacang polong** | [katʃaŋ poloŋ] |
| haricot (m) | **kacang buncis** | [katʃaŋ buntʃis] |
| soja (m) | **kacang kedelai** | [katʃaŋ kedelaj] |
| lentille (f) | **kacang lentil** | [katʃaŋ lentil] |
| fèves (f pl) | **kacang-kacangan** | [katʃaŋ-katʃaŋan] |

# LES PAYS DU MONDE

## 99. Les pays du monde. Partie 1

| | | |
|---|---|---|
| Afghanistan (m) | Afghanistan | [afganistan] |
| Albanie (f) | Albania | [albania] |
| Allemagne (f) | Jerman | [dʒˈerman] |
| Angleterre (f) | Inggris | [iŋgris] |
| Arabie (f) Saoudite | Arab Saudi | [arab saudi] |
| Argentine (f) | Argentina | [argentina] |
| Arménie (f) | Armenia | [armenia] |
| Australie (f) | Australia | [australia] |
| Autriche (f) | Austria | [austria] |
| Azerbaïdjan (m) | Azerbaijan | [azerbajdʒˈan] |
| | | |
| Bahamas (f pl) | Kepulauan Bahama | [kepulauan bahama] |
| Bangladesh (m) | Bangladesh | [baŋladeʃ] |
| Belgique (f) | Belgia | [belgia] |
| Biélorussie (f) | Belarusia | [belarusia] |
| Bolivie (f) | Bolivia | [bolivia] |
| Bosnie (f) | Bosnia-Hercegovina | [bosnia-hersegovina] |
| Brésil (m) | Brasil | [brasil] |
| Bulgarie (f) | Bulgaria | [bulgaria] |
| | | |
| Cambodge (m) | Kamboja | [kambodʒˈa] |
| Canada (m) | Kanada | [kanada] |
| Chili (m) | Chili | [ʧili] |
| Chine (f) | Tiongkok | [tjoŋkoˀ] |
| Chypre (m) | Siprus | [siprus] |
| Colombie (f) | Kolombia | [kolombia] |
| Corée (f) du Nord | Korea Utara | [korea utara] |
| Corée (f) du Sud | Korea Selatan | [korea selatan] |
| Croatie (f) | Kroasia | [kroasia] |
| Cuba (f) | Kuba | [kuba] |
| | | |
| Danemark (m) | Denmark | [denmarˀ] |
| Écosse (f) | Skotlandia | [skotlandia] |
| Égypte (f) | Mesir | [mesir] |
| Équateur (m) | Ekuador | [ekuador] |
| Espagne (f) | Spanyol | [spanjol] |
| Estonie (f) | Estonia | [estonia] |
| Les États Unis | Amerika Serikat | [amerika serikat] |
| Fédération (f) des Émirats Arabes Unis | Uni Emirat Arab | [uni emirat arab] |
| Finlande (f) | Finlandia | [finlandia] |
| France (f) | Prancis | [pranʧis] |
| Géorgie (f) | Georgia | [dʒordʒia] |
| Ghana (m) | Ghana | [gana] |
| Grande-Bretagne (f) | Britania Raya | [britania raja] |
| Grèce (f) | Yunani | [yunani] |

## 100. Les pays du monde. Partie 2

| | | |
|---|---|---|
| Haïti (m) | Haiti | [haiti] |
| Hongrie (f) | Hongaria | [hoŋaria] |
| | | |
| Inde (f) | India | [india] |
| Indonésie (f) | Indonesia | [indonesia] |
| Iran (m) | Iran | [iran] |
| Iraq (m) | Irak | [iraʔ] |
| Irlande (f) | Irlandia | [irlandia] |
| Islande (f) | Islandia | [islandia] |
| Israël (m) | Israel | [israel] |
| Italie (f) | Italia | [italia] |
| | | |
| Jamaïque (f) | Jamaika | [dʒ'amajka] |
| Japon (m) | Jepang | [dʒ'epaŋ] |
| Jordanie (f) | Yordania | [yordania] |
| Kazakhstan (m) | Kazakistan | [kazakstan] |
| Kenya (m) | Kenya | [kenia] |
| Kirghizistan (m) | Kirgizia | [kirgizia] |
| Koweït (m) | Kuwait | [kuweyt] |
| | | |
| Laos (m) | Laos | [laos] |
| Lettonie (f) | Latvia | [latvia] |
| Liban (m) | Lebanon | [lebanon] |
| Libye (f) | Libia | [libia] |
| Liechtenstein (m) | Liechtenstein | [lajhtensteyn] |
| Lituanie (f) | Lituania | [lituania] |
| Luxembourg (m) | Luksemburg | [luksemburg] |
| | | |
| Macédoine (f) | Makedonia | [makedonia] |
| Madagascar (f) | Madagaskar | [madagaskar] |
| Malaisie (f) | Malaysia | [malajsia] |
| Malte (f) | Malta | [malta] |
| Maroc (m) | Maroko | [maroko] |
| Mexique (m) | Meksiko | [meksiko] |
| Moldavie (f) | Moldova | [moldova] |
| | | |
| Monaco (m) | Monako | [monako] |
| Mongolie (f) | Mongolia | [monolia] |
| Monténégro (m) | Montenegro | [montenegro] |
| Myanmar (m) | Myanmar | [myanmar] |
| Namibie (f) | Namibia | [namibia] |
| Népal (m) | Nepal | [nepal] |
| Norvège (f) | Norwegia | [norwegia] |
| Nouvelle Zélande (f) | Selandia Baru | [selandia baru] |
| Ouzbékistan (m) | Uzbekistan | [uzbekistan] |

## 101. Les pays du monde. Partie 3

| | | |
|---|---|---|
| Pakistan (m) | Pakistan | [pakistan] |
| Palestine (f) | Palestina | [palestina] |
| Panamá (m) | Panama | [panama] |

| | | |
|---|---|---|
| Paraguay (m) | **Paraguay** | [paraguaj] |
| Pays-Bas (m) | **Belanda** | [belanda] |
| | | |
| Pérou (m) | **Peru** | [peru] |
| Pologne (f) | **Polandia** | [polandia] |
| Polynésie (f) Française | **Polinesia Prancis** | [polinesia prantʃis] |
| Portugal (m) | **Portugal** | [portugal] |
| | | |
| République (f) Dominicaine | **Republik Dominika** | [republiˀ dominika] |
| République (f) Sud-africaine | **Afrika Selatan** | [afrika selatan] |
| République (f) Tchèque | **Republik Ceko** | [republiˀ tʃeko] |
| Roumanie (f) | **Romania** | [romania] |
| Russie (f) | **Rusia** | [rusia] |
| | | |
| Sénégal (m) | **Senegal** | [senegal] |
| Serbie (f) | **Serbia** | [serbia] |
| Slovaquie (f) | **Slowakia** | [slowakia] |
| Slovénie (f) | **Slovenia** | [slovenia] |
| Suède (f) | **Swedia** | [swedia] |
| Suisse (f) | **Swiss** | [swiss] |
| Surinam (m) | **Suriname** | [suriname] |
| Syrie (f) | **Suriah** | [suriah] |
| | | |
| Tadjikistan (m) | **Tajikistan** | [tadʒikistan] |
| Taïwan (m) | **Taiwan** | [tajwan] |
| Tanzanie (f) | **Tanzania** | [tanzania] |
| Tasmanie (f) | **Tasmania** | [tasmania] |
| Thaïlande (f) | **Thailand** | [tajland] |
| Tunisie (f) | **Tunisia** | [tunisia] |
| Turkménistan (m) | **Turkmenistan** | [turkmenistan] |
| Turquie (f) | **Turki** | [turki] |
| | | |
| Ukraine (f) | **Ukraina** | [ukrajna] |
| Uruguay (m) | **Uruguay** | [uruguaj] |
| Vatican (m) | **Vatikan** | [vatikan] |
| Venezuela (f) | **Venezuela** | [venezuela] |
| Vietnam (m) | **Vietnam** | [vjetnam] |
| Zanzibar (m) | **Zanzibar** | [zanzibar] |